중국 요탑(遼塔)
The Liao Pagoda and Stupa

이 책을 진정 큰 스승이자 거목이셨던
호불 정영호 박사님께 올립니다.

□ 일러두기

1. 그동안 '對馬韓國先賢顯彰會'에서 조사한 요나라 탑을 최대한 제시하려고 하였다.

2. 지명이나 고유명사는 한국에서 주로 사용하는 한자와 한자음에 따라 표기하였다.

3. 요나라 탑은 현재의 중국 행정구역을 기준으로 하여 지역별, 건립 시기별로 배열하려고 하였다.

4. 요나라 탑에 대한 서술은 기본적인 정보 제공과 소개의 수준에서 간략하게 기술하고 제시하였다.

5. 인용된 유물의 출토지와 소장처 등을 최대한 밝히려 했지만 부득이하게 밝히지 못한 부분도 있다.

6. 요나라 탑을 이해하는데 도움이 될 만한 자료들과 보수되기 이전의 옛 모습을 이해할 수 있는 자료를 인터넷에서
   제한적으로 다운받아 인용하였다.

7. 각종 논저에서 사진, 탁본, 도면 등을 인용하였는데, 인용 논저와 페이지 등을 모두 열거할 경우 많은 지면이 할애되어
   본문 주나 참고문헌에서 일괄 제시하거나 소장처를 명기하였다.

중국 요탑(遼塔)

The Liao Pagoda and Stupa

정영호(鄭永鎬)

최인선(崔仁善)

엄기표(嚴基杓)

오호석(吳虎錫)

학연문화사

■ 정영호(鄭永鎬)
서울대학교 사범대학 역사과 졸업
단국대학교·한국교원대학교 교수·박물관장
한국미술사학회, 한국범종학회, 한국문화사학회 회장
대마한국선현현창회 대표

■ 최인선(崔仁善)
전남대학교 인문대학 사학과 졸업
순천대학교 교수.박물관장
한국기와학회, 국립대학박물관협회, 호남고고학회 회장
대마한국선현현창회 위원

■ 엄기표(嚴基杓)
한국교원대학교 제2대학 역사교육과 졸업
단국대학교 교수 학예연구실장 평생교육원장
문화재청, 서울시, 경기도 문화재전문위원 등 역임
대마한국선현현창회 실행위원

■ 오호석(吳虎錫)
한국교원대학교 제2대학 역사교육과 졸업
단국대학교 석주선기념박물관 학예연구원
세종시 문화재전문위원
대마한국선현현창회 총무간사

간 행 사

고려가 우리 역사에 전면적으로 등장하기 시작한 것은 900년대 들어서면서부터이다. 왕건이 철원에서 궁예를 몰아내고 918년 6월 15일 高麗의 국왕으로 등극한 후, 새로운 시대가 도래했음을 의미하는 독자적인 연호를 제정하여 반포한다. 919년에는 도읍을 송악으로 옮긴다. 그리고 태조 왕건은 신라와 후백제를 연이어 병합하면서 남북국시대를 잇는 명실상부한 한반도의 통일 왕조가 되었다. 비록 고려는 패권 지역이 한반도의 두만강과 압록강을 넘어선 북방지역으로까지 진출하지는 못했지만 복잡한 국제 정세 속에서 자주적이고 수준 높은 문화를 일구어나갔다.

고려가 한반도에서 패권을 차지하고 있을 때 중국 대륙은 遼와 宋 ~ 金 ~ 元으로 교체되었다. 이중에서 북방의 대표적인 유목민족이었던 거란족이 건국한 遼(916~1125년)는 10세기부터 12세기 초반경까지 고려와 우호 또는 적대 관계를 반복하였으며, 다양한 채널을 통하여 교류하였다. 고려 전기에 중국 대륙의 패권을 거머쥐었던 요나라는 한반도에 많은 영향을 미쳤다. 특히 두 나라는 지배층에서 일반 백성들에 이르기까지 불교를 깊이 신봉하여 불교를 통한 교류와 협력이 지속적으로 이루어졌다. 그래서 중국의 불교문화가 다양한 루트를 통하여 고려에 유입되었으며, 반대로 고려의 선진적인 불교문화가 중국에 전파되거나 영향을 미치기도 했다. 이처럼 두 나라는 송나라가 끼어 있었지만 200여 년간 밀고 당기는 역학관계 속에서 어느 나라보다 긴밀하였음에도 불구하고, 그동안 고려와 요의 관계, 관련 유적과 유물 등에 대한 연구는 간과된 측면이 있었다고 할 수 있다.

이러한 사실을 일찍 깨달으신 분이 바로 豪佛 鄭永鎬 박사였다. 호불 정영호 박사는 거란이 유목국가였지만 수준 높은 중원 문화를 빠르게 흡수하여 이를 바탕으로 고도의 문화를 형성 발전시켜 나갔으며, 당시 선진적인 요나라의 문화가 고려 땅에도 많은 영향을 미쳤다고 선구적으로 인식하였다.

그러한 사실을 가장 직접적으로 보여주는 대표적인 실물 자료로 국내에 남아있는 요나라 연호가 새겨진 불교미술품을 주목해야 한다고 하시면서 관련 자료를 수십 년간 조사하고 또 조사하였다. 그런데 그 수량이 생각했던 것 이상으로 상당하였다. 그러한 과정 속에서 깊게 얽히고설킨 고려와 요나라의 실타래를 풀기 위해서는 요나라 불교미술에 대한 이해를 높여야 한다고 생각하시게 되었고, 그중에서도 요나라 불교미술을 대표하는 佛塔에 대한 실견과 조사를 절감하시었다. 이에 관심 있는 몇몇 제자들과 함께 특정 지역을 중심하여 요나라 불탑을 조사하시다가 기대 이상으로 요나라 불탑이 광범위하게 건립되었음을 인지하시고, 조사 대상과 범위를 확대하여 뜻있는 인사들과 함께 연차적으로 조사를 진행하시기로 의기투합하셨다.

그래서 요나라 불교미술에 관심 있는 '對馬韓國先賢顯彰會'의 회원들과 함께 그 옛날 요나라가 경영하였던 지역들을 넘나들며 지금까지 남아있거나 파괴되었거나 흔적만 있는 요나라 불탑을 실견 조사하였다. 현재까지 남아있는 요나라 불탑은 빠트리지 않고 실견 조사하기로 결심하였다. 이처럼 對馬韓國先賢顯彰會 차원에서 요나라 불탑을 본격적으로 조사하기 시작한 것이 2011년부터이며, 그 이후 매년 3~4차례에 걸쳐 중국 대륙을 누비고 또 누비면서 조사하였다. 그 넓은 중국 북방지역을 길게는 12시간씩 아픈 엉덩이를 들면서까지 차를 타거나, 높게는 2시간 이상 등산하며 요나라 불탑을 찾아 헤맸다. 어떤 때는 묻고 또 물어도, 가고 또 가도, 오르고 또 올라도 보이지 않던 요나라 탑을 찾았을 때의 그 감격은 말로 표현할 수 없었다. 이렇게 어렵게 수년간 실견 조사한 요나라 불탑을 국내외의 많은 연구자들이 알고 연구할 수 있도록 책자를 발행하기로 하였다. 이에 관련 자료를 수집하고 정리하고 서툴지만 시야를 조금씩 넓히면서 서서히 원고를 작성해 나갔다. 그러던 중 원고를 미처 완성하기도 전에 호불 정영호 박사께서 안타깝게 영면하시고 말았다. 호불 정영호 박사는 강한 집념과 열정으로 요나라 불탑에 대한 조사를 진행하셨고, 요나라 불탑 연구에 새로운 지평을 열어 줄 수 있는 책자를 기필코 완성하고자 하셨다. 그러나 하늘도 무심하게 그 열정은 물거품이 되고 말았다. 그러나 함께 했던 對馬韓國先賢顯彰會의 회원들은 물거품을 그대로 둘 수 없어 다시 뜻을 모아 작지만 앞으로 초석이 될 수 있는 책자를 완성하기로 마음을 모아 진행해왔다. 이제야 아주 조금이나마 마음의 짐을 덜 수 있게 되었다.

요탑 실견 조사 시 제작한 자료집들

이 책이 나오기까지 對馬韓國先賢顯彰會의 회원이신 지승스님, 정명호, 장준식, 이기선, 권현규, 이영문, 이강현, 박임관, 권혁재, 한병일, 김대환 등 많은 분들의 관심과 지원이 있었다. 그리고 책의 간행은 호불정영호박사공덕추모비건립위원회의 후원이 있었기에 가능했음을 밝히며 진심으로 감사드린다. 또한 촉박한 시간 속에서도 책이 간행되기까지 모든 일을 마다하지 않고 최선을 다해 주신 학연문화사 관계자 여러분들께도 깊이 감사드린다. 모든 분들을 일일이 열거하지 못해 죄송한 마음을 전하며, 이 책이 간행되기까지 진심어린 도움을 주신 모든 분들의 건승을 기원하고 다시 한 번 진심으로 감사드린다.

이 책을 진정 큰 스승이자 거목이셨던 호불 정영호 박사님께 올립니다.

2019년 2월

對馬韓國先賢顯彰會 씀

목 차

일러두기

간행사

제 I 장 요탑의 특징과 고려와의 관계

1. 요탑의 유형과 특징 / 오호석 ·· 15

2. 요나라 연호가 새겨진 고려시대 문물 / 엄기표 ··············· 51

제 II 장 요탑 각론

1. 요녕성 遼寧省

1) 심양 강평 보탑사탑(瀋陽 康平 寶塔寺塔) ······················· 84

2) 부신 탑산탑(阜新 塔山塔) ··· 87

3) 부신 홍모자탑(阜新 紅帽子塔) ·· 90

4) 부신 탑영자탑(阜新 塔營子塔) ·· 93

5) 안산 해성 금탑(鞍山 海城 金塔) ····································· 95

6) 조양 북탑(朝陽 北塔) ·· 98

7) 조양 남탑(朝陽 南塔) ·· 103

8) 심양 무구정광사리탑(瀋陽 無垢淨光舍利塔) ················ 106

9) 심양 백탑(瀋陽 白塔) ·· 108

10) 금주 대광제사탑(錦州 大廣濟寺塔) ······························ 110

11) 조양 팔릉관탑(朝陽 八稜觀塔) ····································· 112

12) 대련 와방점 영풍탑(大連 瓦房店 永豊塔) ·················· 114

13) 조양 봉황산 운접사탑(朝陽 鳳凰山 雲接寺塔) ··········· 116

14) 조양 오십가자탑(朝陽 五十家子塔) ····························· 120

15) 조양 봉황산 대보탑(朝陽 鳳凰山 大寶塔)·············· 123

16) 심양 칠성산 석불사탑(瀋陽 七星山 石佛寺塔)·············· 127

17) 안산 향암사 남탑(鞍山 香岩寺 南塔)·············· 130

18) 무순 고이산탑(撫順 高爾山塔)·············· 133

19) 호로도 흥성 백탑욕탑(葫蘆島 興城 白塔峪塔)·············· 135

20) 호로도 수중 서주왜탑(葫蘆島 綏中 瑞州歪塔)·············· 138

21) 조양 동평방탑(朝陽 東平房塔)·············· 140

22) 호로도 수중 묘봉사쌍탑(葫蘆島 綏中 妙峰寺雙塔)·············· 142

23) 금주 의현 광성사탑(錦州 義縣 廣胜寺塔)·············· 146

24) 심양 신민 요빈탑(瀋陽 新民 遼濱塔)·············· 148

25) 조양 능원 십팔리보탑(朝陽 凌源 十八里堡塔)·············· 150

26) 요양 백탑(遼陽 白塔)·············· 152

27) 금주 북진 숭흥사쌍탑(錦州 北鎮 崇興寺雙塔)·············· 155

28) 호로도 남표 안창현탑(葫蘆島 南票 安昌峴塔)·············· 159

29) 호로도 흥성 마석구탑(葫蘆島 興城 磨石溝塔)·············· 161

30) 안산 해성 은탑(鞍山 海城 銀塔)·············· 164

31) 조양 황화탄탑(朝陽 黃花灘塔)·············· 166

32) 요양 탑만탑(遼陽 塔灣塔)·············· 170

33) 금주 의현 팔탑자탑(錦州 義縣 八塔子塔)·············· 172

34) 금주 능해 반길화탑(錦州 凌海 班吉花塔)·············· 176

35) 조양 쌍탑사 동탑(朝陽 雙塔寺 東塔)·············· 178

36) 조양 쌍탑사 서탑(朝陽 雙塔寺 西塔)·············· 180

37) 조양 객좌 대성자탑(朝陽 喀左 大城子塔)·············· 182

38) 철령 은주 철령백탑(鐵嶺 銀州 鐵嶺白塔)·············· 184

39) 호로도 남표 쌍탑구탑(葫蘆島 南票 雙塔溝塔)·············· 187

40) 조양 능원 사관영자탑(朝陽 凌源 四官營子塔)·············· 189

41) 조양 괴수동탑(朝陽 槐樹洞塔)·············· 191

42) 부신 반절탑지(阜新 半截塔址)·············· 193

43) 조양 동탑지(朝陽 東塔址)·············· 195

44) 조양 봉황산 상사 능소탑지(朝陽 鳳凰山 上寺 凌霄塔址) 출토 유물·············· 197

45) 요탑 요소 반영 전탑, 철령 개원 숭수사탑(鐵嶺 開原 崇壽寺塔)·············· 198

2. 내몽고차치구 內蒙古自治區

1) 적봉 오한기 무안주백탑(赤峰 敖漢旗 武安州白塔)·················· 201
2) 적봉 파림좌기 상경남탑(赤峰 巴林左旗 上京南塔)·················· 204
3) 호화호특 만부화엄경탑(呼和浩特 萬部華嚴經塔)·················· 208
4) 적봉 영성 중경대탑(赤峰 寧城 中京大塔)·················· 212
5) 적봉 파림우기 경주백탑(赤峰 巴林右旗 慶州白塔)·················· 216
6) 적봉 영성 반절탑(赤峰 寧城 半截塔)·················· 222
7) 적봉 오한기 오십가자탑(赤峰 敖漢旗 五十家子塔)·················· 225
8) 적봉 파림우기 상경북탑(赤峰 巴林左旗 上京北塔)·················· 228
9) 적봉 원보산 정안사 백탑(赤峰 元寶山 靜安寺 白塔)·················· 231

3. 길림성 吉林省

1) 장춘 농안 요탑(長春 農安 遼塔)·················· 235

4. 하북성 河北省

1) 보정 탁주 지도사탑(保定 涿州 智度寺塔)·················· 239
2) 보정 탁주 운거사탑(保定 涿州 雲居寺塔)·················· 241
3) 낭방 삼하 영산탑(廊坊 三河 靈山塔)·················· 243
4) 장가구 탁록 진수탑(張家口 涿鹿 鎭水塔)·················· 245
5) 보정 탁주 영안사탑(保定 涿州 永安寺塔)·················· 247
6) 보정 역현 성탑원탑(保定 易縣 聖塔院塔)·················· 249
7) 당산 풍윤 천궁사탑(唐山 豊潤 天宮寺塔)·················· 252
8) 장가구 울현 남안사탑(張家口 蔚縣 南安寺塔)·················· 254
9) 장가구 선화 불진사리탑(張家口 宣化 佛眞舍利塔)·················· 256
10) 승덕 쌍란 쌍탑산탑(承德 雙灤 雙塔山塔)·················· 257
11) 승덕 관성 황애사탑군(承德 寬城 黃崖寺塔群)·················· 260
12) 보정 내수 경화사화탑(保定 涞水 慶化寺花塔)·················· 262
13) 당산 풍윤 차축산화탑(唐山 豊潤 車軸山花塔)·················· 265
14) 보정 내수 서강탑(保定 涞水 西崗塔)·················· 267
15) 보정 역현 쌍탑암 북탑(保定 易縣 雙塔庵 北塔)·················· 269

16) 낭방 영청 백탑사 대신각석탑(廊坊 永淸 白塔寺 大辛閣石塔) ················ 271

17) 낭방 삼하 서관탑(廊坊 三河 西關塔) 출토 유물 ·························· 274

18) 낭방 향하 서은사탑(廊坊 香河 栖隱寺塔) 출토 유물 ···················· 275

19) 요대 다보천불석당(遼代 多寶千佛石幢) ································ 276

20) 요탑 양식 계승 전탑, 보정 역현 연자탑(保定 易縣 燕子塔) ·············· 278

21) 요탑 양식 계승 전탑, 보정 순평 오후탑(保定 順平 伍候塔) ·············· 280

5. 산서성 山西省

1) 응현 불궁사 석가탑(應縣 佛宮寺 釋迦塔) ······························ 283

2) 대동 영구 각산사탑(大同 靈丘 覺山寺塔) ······························ 287

3) 대동 선방사탑(大同 禪房寺塔) ·· 290

6. 북경시 北京市

1) 북경 밀운 야선탑(北京 密雲 冶仙塔) ·································· 293

2) 북경 방산 호천탑(北京 房山 昊天塔) ·································· 296

3) 북경 방산 만불당화탑(北京 房山 萬佛堂花塔) ·························· 299

4) 북경 계태사 법균대사탑(北京 戒台寺 法均大師塔) ······················ 303

5) 북경 해정 보암탑(北京 海淀 普庵塔) ·································· 308

6) 북경 방산 천개탑(北京 房山 天開塔) ·································· 309

7) 북경 방산 운거사 나한탑(北京 房山 雲居寺 羅漢塔) ····················· 311

8) 북경 서성 천녕사탑(北京 西城 天寧寺塔) ······························ 315

9) 북경 통주 연등탑(北京 通州 燃燈塔) ·································· 318

10) 북경 방산 조탑(北京 房山 照塔) ···································· 320

11) 북경 방산 옥황탑(北京 房山 玉皇塔) ································· 322

12) 북경 방산 장공원 유사니탑(北京 房山 莊公院 劉師尼塔) ················ 324

13) 북경 방산 영축선사탑(北京 房山 靈鷲禪寺塔) ························· 326

14) 북경 방산 운거사 노호탑(北京 房山 雲居寺 老虎塔) ···················· 329

15) 북경 영광사 초선탑(北京 靈光寺 招仙塔) ····························· 331

16) 북경 창평 반절탑(北京 昌平 半截塔) ································· 334

17) 북경 방산 운거사 정완법사탑(北京 房山 雲居寺 靜琬法師塔) ············· 335

18) 북경 방산 정혜대사영탑(北京 房山 正慧大師靈塔) ····················· 337

19) 북경 방산 운거사 속비장석경탑(北京 房山 雲居寺 續秘藏石經塔) ············ 339

20) 북경 순의 무구정광사리탑(北京 順義 無垢淨光舍利塔) 출토 유물 ··········· 342

21) 북경 방산 북정탑(北京 房山 北鄭塔) 출토 유물 ····························· 344

22) 북경 방산 운거사 장경탑(北京 房山 雲居寺 藏經塔)과 출토 유물············· 346

23) 북경 대흥 탑림(北京 大興 塔林) 출토 유물 ································ 348

24) 북경 선무 법원사(北京 宣武 法源寺) 사리함기(舍利函記) ················· 349

25) 북경 조양(北京 朝陽) 출토 사리석함(舍利石函) ························· 350

7. 천진시 天津市

1) 천진 계주 관음사 백탑(天津 薊州 觀音寺 白塔)························· 351

2) 천진 계주 천성사 고불사리탑(天津 薊州 天成寺 古佛舍利塔)············· 354

3) 천진 계주 복산탑(天津 薊州 福山塔)································· 356

※ 부록 1. 요나라 강역도·· 360

2. 요탑 분포도(전체)··· 362

3. 요탑 분포도(지역별)·· 364

4. 참고문헌 ··· 372

5. 사진출처 ··· 381

제 I 장

요탑의 특징과
고려와의 관계

요탑의 유형과 특징

오호석

(단국대학교 석주선기념박물관 학예연구원)

Ⅰ. 들어가는 말

Ⅱ. 요탑의 현황

Ⅲ. 요탑의 유형

Ⅳ. 요탑의 특징

I. 들어가는 말

　遼는 지금의 중국 遼寧省을 거점으로 삼아 907년 거란족이 세운 왕조로 1125년까지 요녕성, 내몽고와 하북성과 산서성, 길림성, 흑룡강성, 그리고 러시아의 시베리아와 몽고전역에 이르는 북방지역을 지배하였다. 요 황실은 건국 과정에서 부터 다수의 피지배층인 한족을 효과적으로 다스리기 위해 中原文化로 일컬어지는 한족의 문화를 수용하여 도성, 궁전 묘우, 불교 사찰 등을 건립하였고 유교, 불교, 도교 등 종교에 대한 유화정책을 펼친 것으로 알려져 있다. 특히 요나라의 황제들은 불교를 숭상하여 5京城을 비롯한 각지에 불사를 일으키고 불탑을 조성하는 등 황실의 주도적인 역할로 불교문화가 가장 크게 융성하였다. 그결과 현재까지도 요대에 건립되었거나 중수 또는 중건된 많은 탑이 남아있어 遼代 불교문화의 양상과 신앙의 대상이 되는 탑의 면모를 확인할 수 있다.

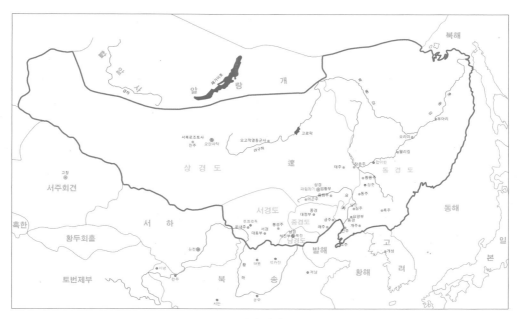

요나라 강역도

『遼史』[1]에 기록된 황제의 불교 관계 기록

황제	연월	본기	지리지
太祖 耶律阿保機	902.07	龍化州(내몽고翁牛特) 開敎寺 창건	上京 天雄寺
	909.04.乙卯	龍化州 大廣寺에 비를 건립	
	912	승려 崇文 등 50명을 上京 西樓로 보내 天雄寺를 짓고 살 게 함	
	918.05.乙亥	조서를 내려 '孔子 사당, 사찰, 道觀 등을 짓도록 함	
太宗 耶律德光	935.11.丙午	林東縣 弘福寺에 행차하여 황후를 위해 飯僧을 행하고 대 성황제 등이 보시한 관음보살상을 보면서 슬퍼함	崇孝寺 (崇天皇后), 安國寺
景宗 耶律賢	974.12.戊子	沙門 昭敏을 三京諸道僧尼都摠管으로 삼고 겸시중을 더함	
聖宗 耶律隆緖	984.10.辛未	景宗 기일에 조서를 내려 飯僧을 행하라 명함	
	986.07.辛巳	상경 開龍寺에서 한달동안 불사를 행하게 하고 1만명에게 飯僧을 행함	
	989.04.己未	延壽寺에 행차하여 飯僧을 행함	
	992.09.癸卯	山西 五臺山 金河寺에 행차하여 飯僧을 행함	
聖宗 耶律隆緖	994.04.戊戌	경종의 石像이 완성되어 延壽寺에 행차하여 飯僧을 행함	
	1020.12.丁亥	승려들이 몸을 사르고 손가락을 태우는 것을 금함	
興宗 耶律宗眞	1039.11.戊戌	승려를 불러 불법에 대해 논함	
	1042.12.己酉	宣獻皇后 기일에 延壽寺, 憫忠寺, 三學寺에서 飯僧을 행함	
	1050.01.庚寅	승려 惠鑑에게 검교태위를 더해줌	
道宗 耶律洪基	1063.10.戊辰	興王寺에 행차함	
	1067.11.壬辰	西夏에서 回鶻僧, 金佛, 梵覺經을 진상함	
	1068.02.癸丑	〈御製華嚴經贊〉을 반포함	
	1070.12.戊午	승려 圓釋과 法鈞에게 守司空을 더해줌	
	1071.08.辛巳	招仙浮圖에 佛骨을 안치함	
	1072.03.癸卯	춘주, 태주, 영강주의 백성3천명이 僧尼가 되어 구족계를 받는 것을 허락함	
	1072.07.丁未	손수 쓴 〈華嚴經五頌〉을 신하들에게 보임	
	1072.12.庚寅	고려에 불경 한 藏을 보냄	
	1075.03.乙巳	황태자에게 佛書를 베끼도록 함	

---

1 김위현 外,「국역 요사」, 상·중·하, 단국대학교 출판부, 2012.

황제	연월	본기	지리지
道宗 耶律洪基	1078.07.甲戌	승려 36만명에게 飯僧함	
	1079.09.己卯	僧徒들이 법회를 여는 것을 금하지 말라 명함	
	1079.11.丁丑	승려 守道를 불러 내전에서 법회를 엶	
	1083.11.甲寅	승려 善知에게 고려에서 보낸 불경을 교열, 반포하게 함	
	1084.01.丙午	남경 奉福寺에 부도(佛塔)을 다시 건립함	
	1093.07.辛卯	흥중부에 甘露가 내리자 사자를 보내 부처에게 재를 올리고 飯僧을 행함	
天祚皇帝 耶律延禧	1101.03.甲戌	승려 法頤를 불러 內庭에서 수계하도록 함	
	1113.01.甲戌	승려들이 파계하는 일을 금함	

탑은 재료, 형태, 성격, 용도 등에 따라 다양하게 분류된다. 중국에서는 재료에 따라서는 木塔, 塼塔, 石塔, 塼石混合塔, 土塔, 陶塔, 鐵塔 등으로 나누어진다. 평면 형태는 4각, 6각, 8각, 12각, 원형 등으로 구분되고, 양식은 크게 樓閣式, 密檐式, 停閣式, 花式, 覆鉢式, 金剛寶座式, 寶篋印石塔 등으로 분류되며 이밖에 過街式과 塔門, 臺塔 등 특수한 경우로 구분되기도 한다.[2]

인도의 Stupa에 기원을 두고 있는 탑은 중국에 전래되어 喇嘛塔(藏傳佛塔), 緬寺塔, 중국 고유의 목조 누각 건축에 기초한 高層佛塔 등으로 전개된 것으로 알려져 있다. 일반적으로 고층의 불탑은 堂, 塔 중심의 중국식 불교사원이 성립되고 漢

화상석에 나타난 高樓
(동한, 許昌출토, 河南省博物館)

---

2   羅哲文,『中國古塔』中國靑年出版社, 1985, pp.31~53.
    北京市文物研究所,『中國古代建築辭典』中國圖書出版社, 1992.
    劉策,『中國古塔』寧夏人民出版社, 1981, pp.8~10.
    張馭寰,『中國塔』山西人民出版社, 2000.

라마탑
(通遼 奈曼旗 章古台佛塔)

금강보좌식탑
(呼和浩特 五塔寺 金剛座舍利寶塔)

代에 목조 건축체계가 완성되면서 樓閣, 殿堂 등 다층형의 고층 건물이 성행하면서 출현하게 된 것으로 그러한 과정에서 고층의 樓閣式塔과 단층의 亭閣式塔으로의 발전하였다. 이후 고층의 누각식탑과 정각식탑은 각각 密檐式, 花式 등의 유형으로 발전하였고, 이외에 고대 중국의 高臺 건축과 城闕의 건축이 탑과 결합하여 金剛寶座式塔, 過街塔, 門塔, 臺塔 등이 창안된 것으로 이해되고 있다.[3]

요탑은 대부분 전탑으로 건립되었으나 목탑과 석탑도 확인되며, 양식은 밀첨식탑이 대다수를 차지하지만 누각식탑, 화식탑 외에 혼합식탑도 조성되었다.

II. 요탑의 현황

요나라는 현재의 요녕성, 내몽고자치구, 하북성, 길림성, 산서성 일부, 북경시, 천진시 일대를 아우르는 넓은 범위에 걸친 영역을 효율적으로 지배하기 위해 남경, 중경, 상경, 동경, 서경으로 구성된 5경 제도를 활용하였다. 5경은 南京析津府-北京, 中京大定府-내몽고자치구 寧城, 上京臨潢府-내몽고자치구 巴林左旗, 東京遼陽府-遼寧省 遼陽, 西京大同府-山西省 大同이다. 이들 지역을 중심으로 많은 탑이 건립되었는데 현재까지 요대에 건립된 것으로 알려진 탑은 100여기가 넘게 확인된다.

지역별로 살펴보면, 요대의 5경 가운데 동경도, 중경도, 남경도에 해당하는 요녕성과 하북성, 북경 일대에 집중되고 있다. 요녕성 일대에 53기, 내몽고자치구 지역에 9기, 길림성에 1기, 하북성 일대에 20기, 산서성 지역에 3기, 북경시 일대에 26기, 천진시에 3기가 남아있거나 그 터를 확인할 수 있다.

입지상으로는 평지의 사찰이나 城內에 건립된 경우와 산정상이나 능선상에 건립된 경우가 매우 많음을 알 수 있는데, 이러한 탑의 입지는 주변 조망이 매우 용이하여 표식적 기능도 함께 이루어졌던 것으로 이해되고 있다.

평면 형태에 따라서는 대부분 8각으로 건립되었으나 4각형과 6각형의 탑도

---

3   卞謙,『佛敎小百科 建築』上海科學普及出版社, 2011, pp. 34~35.

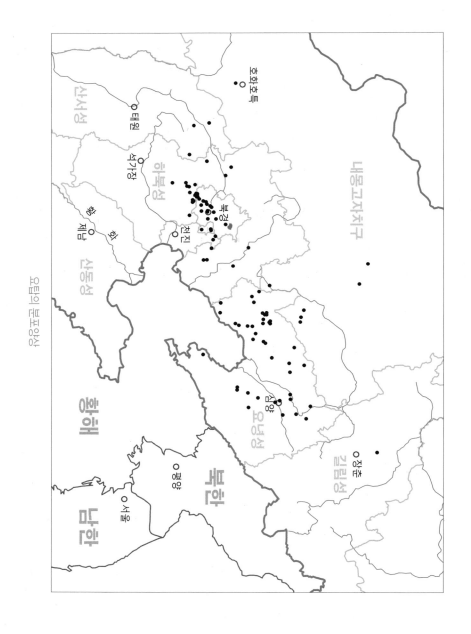

요탑의 분포 상황

호화호특

태원

석가장

베이징

산시성

허베이성

톈진

한

제남

산둥성

황하

내몽고자치구

발해해

카이펑

서울

북한

남한

상양

허난성

기림성

장춘

소수가 건립되었는데, 평면 4각형의 요탑은 주로 朝陽 지역에만 남아있는 특징을 보이며, 평면 6각형의 요탑은 요녕성 지역에 많이 분포하는 경향을 보인다.

1. 요녕성(遼寧省)

번호	명칭	이칭·별칭	소재지	유형	평면	양식	층수	높이(m)	시기	비고
1	심양 강평보탑사탑 瀋陽 康平寶塔寺塔	小塔子古塔,烏峰塔,包塔	瀋陽 康平縣 郝官屯鎮 小塔子村	전탑	8각	密檐式	13	30	太祖연간(921-926)	祺州城址 평지
2	부신 탑산탑 阜新 塔山塔	閭州遼塔,十家子塔	阜新 阜新縣 十家子鎮 塔北村	전탑	8각	密檐式	13(9)	(28)	會同元年(938)	山頂
3	부신 홍모자탑 阜新 紅帽子塔	東塔山塔	阜新 阜新縣 紅帽子鄉 西塔山村	전탑	8각	密檐式	11(10)	(24.4)	太平元年(1021)	成州城 산능선
4	부신 탑영자탑 阜新 塔营子塔	懿州古塔,懿州城塔	阜新 阜新縣 塔营子鎮 塔營子村	전탑	8각	密檐式	13	32	太平3(1023)	懿州城 평지
5	안산 해성금탑 鞍山 海城金塔	-	鞍山 海城市 析木鎮 羊角峪村	전탑	8각	密檐式	13	31.5	遼代 中期	寺址 산 중턱
6	조양 북탑 朝陽 北塔	寶安寺塔,延昌寺塔	朝陽 雙塔區 雙塔街	전탑	4각	密檐式	13	42.6	重熙13(1044)	延昌寺 평지
7	조양 남탑 朝陽 南塔	-	朝陽 雙塔區 雙塔街	전탑	4각	密檐式	13	40	遼代 中期	평지
8	심양 무구정광사리탑 瀋陽 無垢淨光舍利塔	塔灣舍利塔	瀋陽 皇姑區 塔灣街	전탑	8각	密檐式	13	30	重熙13(1044)	1640중수 평지
9	심양 백탑 瀋陽 白塔	無垢淨光塔,彌陀寺塔	瀋陽 渾南區 白塔公園	전탑	8각	密檐式	13	70	重熙14(1045)	2000중건 평지
10	금주 대광제사탑 錦州 大廣濟寺塔	廣濟寺古塔	錦州 古塔區 士英南街	전탑	8각	密檐式	13	57	淸寧3(1057)	大廣濟寺 평지
11	조양 팔릉관탑 朝陽 八棱觀塔	-	朝陽 龍城區 大平房鎮 八棱觀村	전탑	8각	密檐式	13	34	聖宗연간(982-1031)	山頂
12	대련 외방점영풍탑 大連 瓦房店永豊塔	復州永豊塔	大連 瓦房店市 永豊寺址	전탑	8각	密檐式	13	23	遼代 中期	永豊寺址 평지
13	조양 봉황산운접사탑 朝陽 鳳凰山雲接寺塔	摩雲塔,中寺塔	朝陽 雙塔區 鳳凰山 雲接寺	전탑	4각	密檐式	13	37	遼代 中期	雲接寺 산중턱
14	조양 오십가자탑 朝陽 五十家子塔	青峰塔	朝陽 朝陽縣 四管營子鄉 五十家子村	전탑	4각	密檐式	13	36	遼代 中期	구릉정상
15	조양 봉황산대보탑 朝陽 鳳凰山大寶塔	-	朝陽 雙塔區 鳳凰山	전탑	4각	密檐式	13	17	遼代 中期	山能線
16	심양 칠성산석불사탑 瀋陽 七星山石佛寺塔	-	瀋陽 瀋北新區 石佛寺村	전탑	6각	-	(1)	-	咸雍10(1074)	山頂
17	안산 향암사남탑 鞍山 香岩寺南塔	-	鞍山 千山區 香岩寺	전탑	6각	密檐式	9	15.7	遼代 後期	山頂
18	무순 고이산탑 撫順 高尔山塔	-	撫順 順城區 高爾山公園	전탑	8각	密檐式	9	14	大安4(1088)	觀音寺 山頂
19	호로도 흥성백탑욕탑 葫蘆島 興城白塔峪塔	空通山悟寄院舍利塔,八角玲瓏塔,九龍烟塔	葫蘆島 興城市 白塔鄉 塔溝村	전탑	8각	密檐式	13	43	大安8(1092)	구릉
20	호로도 수중서주왜탑 葫蘆島 綏中瑞州歪塔	瑞州古塔,前衛斜塔,前衛歪塔	葫蘆島 綏中縣 前衛鎮	전탑	8각	密檐式	(3)	(10)	遼代 後期	평지
21	조양 동평방탑 朝陽 東平房塔	-	朝陽 大平鎮 东平房村	전탑	8각	密檐式	(9)	(26)	遼代 後期	구릉정상
22(2)	호로도 수중묘봉사쌍탑 葫蘆島 綏中妙峰寺雙塔 동탑	-	葫蘆島 綏中縣 永安堡鄉 塔子溝村	전탑	8각	密檐式	9	24	乾統연간(1101-1114)	능선
	서탑			전탑	6각	密檐式	5	10	遼代 後期	능선
23	금주 의현광성사탑 錦州 義縣廣胜寺塔	嘉福寺塔	錦州 義縣 廣胜寺	전탑	8각	密檐式	13	42.5	乾統7(1107)	廣胜寺 평지

번호	명칭		이칭·별칭	소재지	유형	평면	양식	층수	높이(m)	시기	비고
24	심양 신민요빈탑 瀋陽 新民遼濱塔		-	瀋陽 新民市 公主屯鎮 遼濱村	전탑	8각	密檐式	13	42	乾統10 (1110)	평지
25	조양 능원십팔리보탑 朝陽 凌源十八里堡塔		榆州遼塔	朝陽 凌源市 城關鎮 十五里堡村	전탑	8각	密檐式	7	24	遼代 後期	榆樹城址 평지
26	요양 백탑 遼陽 白塔		-	遼陽 白塔區 中华大街	전탑	8각	密檐式	13	70	遼代	평지
27	금주 북진숭흥사쌍탑 錦州 北鎮崇興寺雙塔	동탑	-	錦州 北鎮市 崇興寺	전탑	8각	密檐式	13	43	遼代	崇興寺 평지
		서탑			전탑	8각	密檐式	13	42		
28	호로도 남표안창현탑 葫蘆島 南票安昌峴塔		安昌峴 舍利塔	葫蘆島 南票區 暖池塘鎮 安昌峴村	전탑	8각	密檐式	7	18	遼代	구릉정상
29	호로도 흥성마석구탑 葫蘆島 興城磨石溝塔		-	葫蘆島 興城市 紅崖子鄉 二道溝村	전탑	8각	密檐式	9	17.4	遼代	大悲閣寺址 산중턱
30	안산 해성은탑 鞍山 海城銀塔		-	鞍山 海城市 接文鎮 塔子溝村	전탑	6각	密檐式	9	15.6	遼代	銀塔寺址 산기슭
31	조양 황화탄탑 朝陽 黃花灘塔		-	朝陽 龍城區 大平房鎮 黃花灘村	전탑	8각	密檐式	13	32	遼代	建州城址 산정상
32	요양 탑만탑 遼陽 塔灣塔		-	遼陽 遼陽縣 甜水鄉 塔灣村	전탑	8각	密檐式	7	18	遼代	능선상
33	금주 의현팔탑자탑 錦州 義縣八塔子塔	1호	-	錦州 義縣 前楊鄉 八塔村	전탑	4각	亭閣式	2	2~4	聖宗연간 (982-1031)	산정상
		2호				4각		2			
		3호				6각		1			
		4호				10각		1			
		5호				8각		1			
		6호				6각		1			
		7호				4각		2		1984복원	
		8호				4각		2		1984복원	
34	금주 능해반길화탑 錦州 凌海班吉花塔		班吉塔	錦州 凌海市 班吉塔鎮 盘古山	전탑	8각	花式	1	11	清寧4 (1058)	사찰경내 산기슭
35	조양 쌍탑사동탑 朝陽 雙塔寺東塔		-	朝陽 朝陽縣 木頭城子鎮 鄲杖子村	전탑	8각	亭閣式	1	11	遼代	절벽상
36	조양 쌍탑사서탑 朝陽 雙塔寺西塔		-		전탑	8각	樓閣式	3	13	遼代	절벽상
37	조양 객좌대성자탑 朝陽 喀左大城子塔		精嚴寺塔, 精嚴禪寺 佛塔	朝陽 喀左縣 大城子鎮	전탑	8각	樓閣式 密檐式	7 (8)	40	遼代	精嚴寺址 평지
38	철령 은주철령백탑 鐵嶺 銀州鐵嶺白塔		圓通寺塔	鐵嶺 銀州區 圓通寺	전탑	8각	密檐式	13	32	遼代	圓通寺 평지
39	호로도 남표쌍탑구탑 葫蘆島 南票雙塔沟塔		龍塔	葫蘆島 南票區 沙鍋屯鄉 雙塔溝村	전탑	6각	密檐式	7	11.2	遼代	山頂
40	조양 능원사관영자탑 朝陽 凌源四官營子塔		四官營子 白塔	朝陽 凌源市 四官營子鎮 湯杖子村	전탑	6각	密檐式	5	12	遼代	산중턱
41	조양 괴수동탑 朝陽 槐樹洞塔		槐樹洞石塔, 槐樹洞 止水塔	朝陽 朝陽縣 南雙廟鄉 槐樹洞	석탑	8각	-	-	(2.6)	遼代	산중턱
42	부신 반절탑지 阜新 半截塔址		大巴鎮半截 塔, 佛身感 應舍利塔	阜新 阜新縣 大巴鎮 半截塔村	전탑	8각	密檐式	9	15	大安8 (1092)	능선상 멸실
43	조양 동탑지 朝陽 東塔址		-	朝陽 雙塔區 營州路 關帝廟	전탑	-	-	-	-	1017 재건	멸실
44	조양 봉황산상사능소탑지 朝陽 鳳凰山上寺凌霄塔址		華嚴寺 凌霄塔	朝陽 雙塔區 鳳凰山	전탑	-	-	-	-	壽昌연간 (1095~1101)	山頂 멸실
45	철령 개원 숭수사탑 鐵嶺 開原 崇壽寺塔		崇壽禪寺塔	鐵嶺 開原市 崇壽寺	전탑	8각	밀첨식	13	45.8	明代 (요탑요소)	평지

2. 내몽고자치구(内蒙古自治區)

번호	명칭	이칭·별칭	소재지	유형	평면	양식	층수	높이(m)	시기	비고
1	적봉 오한기무안주백탑 赤峰 敖漢旗武安州白塔	白塔, 武安州塔	赤峰 敖漢旗 白塔子村	전탑	8각	密檐式	13 (11)	31	統和8 (990)	능선상
2	적봉 파림좌기상경남탑 赤峰 巴林左旗上京南塔	石盆山塔	赤峰 巴林左旗 林東鎮 龍頭山	전탑	8각	密檐式	7	25	10세기 전반	上京城址 山頂
3	호화호특 만부화엄경탑 呼和浩特 萬部華嚴經塔	白塔, 査干·索布爾嘎 (蒙語)	呼和浩特 賽罕區 太平廣鄉 白塔村	전탑	8각	樓閣式	7	55.6	聖宗연간 (983-1031)	大明寺 평지
4	적봉 영성중경대탑 赤峰 寧城中京大塔	大明塔, 大寧塔	赤峰 寧城縣 大明鎮 南城村	전탑	8각	密檐式	13	80.2	壽昌4 (1098)	遼中京城址 평지
5	적봉 파림우기경주백탑 赤峰 巴林右旗慶州白塔	釋迦佛舍利塔, 遼慶州白塔, 金金察罕索布爾嘎	赤峰 巴林右旗 索博日嘎鎮	전탑	8각	樓閣式	7	73	重熙18 (1049)	慶州城址 평지
6	적봉 영성반절탑 赤峰 寧城半截塔	中京半截塔	赤峰 寧城縣 大明鎮	전탑	8각	密檐式	-	(14)	清寧3 (1057)	遼中京城址
7	적봉 오한기오십가자탑 赤峰 敖漢旗五十家子塔	遼降聖州塔, 萬壽白塔	赤峰 敖漢旗 瑪尼罕鄉 五十家子村	전탑	8각	密檐式	13	34	遼代前期	降聖州城址 평지
8	적봉 파림좌기상경북탑 赤峰 巴林左旗上京北塔	-	赤峰 巴林左旗 林东鎮	전탑	6각	密檐式	5	10	遼代中期	上京城址 山頂
9	적봉 원보산정안사백탑 赤峰 元寶山靜安寺白塔	靜安寺佛牙舍利塔, 永安塔, 元寶山白塔, 塔子溝白塔	赤峰 元寶山區 美麗河鎮 大營子村	전탑	8각	密檐式	3	18.6	遼代後期 (1062-1072)	靜安寺 山頂

3) 길림성(吉林省)

번호	명칭	이칭·별칭	소재지	유형	평면	양식	층수	높이(m)	시기	비고
1	장춘 농안요탑 長春 農安遼塔	農安古塔, 金塔	長春 農安縣 寶塔街	전탑	8각	密檐式	13	44	太平3-10 (983-1030)	農安鎮城 평지

4) 하북성(河北省)

번호	명칭	이칭·별칭	소재지	유형	평면	양식	층수	높이(m)	시기	비고
1	보정 탁주지도사탑 保定 涿州智度寺塔	涿州雙塔-南塔, 姑嫂塔	保定 涿州市 涿州古城	전탑	8각	樓閣式	5	44	太平11 (1031)	涿州古城 평지
2	보정 탁주운거사탑 保定 涿州雲居寺塔	涿州雙塔-北塔, 姑嫂塔	保定 涿州市 涿州古城	전탑	8각	樓閣式	(6)	55.7	遼代中期	涿州古城 평지
3	랑방 삼하영산탑 廊坊 三河靈山塔	-	廊坊 三河市 黃土庄鎮 靈山	전탑	8각	樓閣式	5	13	遼代中期	靈山寺 山頂
4	장가구 탁록진수탑 張家口 涿鹿鎮水塔	-	張家口 涿鹿縣 張家河村 四面環山	전탑	8각	密檐式	7(6)	(15)	遼代中期	산중턱
5	보정 탁주영안사탑 保定 涿州永安寺塔	塔兒照塔, 北塔	保定 涿州市 刁窩鄉 塔照村	전탑	8각	密檐式	(7)	(19)	遼代中期	永安寺址 평지
6	보정 역현성탑원탑 保定 易縣聖塔院塔	荊軻塔	保定 易縣 荊軻山村	전탑	8각	密檐式	13	26	乾統3 (1103)	荊軻山 山頂
7	당산 풍윤천궁사탑 唐山 豐潤天宮寺塔	-	唐山 豐潤區 天宮寺塔公園	전탑	8각	密檐式	13	24	清寧元年 (1055)	天宮寺 평지
8	장가구 울현남안사탑 張家口 蔚縣南安寺塔	-	張家口 蔚縣 蔚縣古城南門	전탑	8각	密檐式	13	32.1	天慶11 (1121)	蔚州古城 평지
9	장가구 선화불진사리탑 張家口 宣化佛眞舍利塔	邇邐尼塔	張家口 宣化縣	전탑	6각	密檐式	13	20	天慶7 (1117)	구릉정상

번호	명칭		이칭·별칭	소재지	유형	평면	양식	층수	높이(m)	시기	비고
10	승덕 쌍란쌍탑산탑 承德 雙灤雙塔山塔	북탑	-	承德 雙灤區 雙塔山	전탑	4각	密檐式	(3)	-	遼代後期	山頂
		남탑			전탑	4각	密檐式	3	5.2		
11	승덕 관성황애사탑군 承德 寬城黃崖寺塔群		萬塔黃崖	承德 寬城縣 寬城鎮 黃崖子村	석탑	-	-	-	-	遼代後期	山(중턱) 塔群
12	보정 내수경화사화탑 保定 淶水慶化寺花塔		-	保定 淶水縣 永陽鎮 北洛平村	전탑	8각	花式	1	15.2	遼代中期	慶化寺 능선상
13	당산 풍윤차축산화탑 唐山 豐潤車軸山塔		藥師靈塔	唐山 豐潤區 豐潤車軸山 中學	전탑	8각	花式	1	28	重熙元年 (1032)	壽峰寺 山頂
14	보정 내수서강탑 保定 淶水西崗塔		-	保定 淶水 淶水縣城址	전탑	8각	密檐式	13	36	遼代中期	淶水縣城址 평지
15	보정 역현쌍탑암북탑 保定 易縣雙塔庵北塔		太寧寺雙塔, 北塔, 東塔	保定 易縣 西陵鄉 太寧寺村	전탑	8각	密檐式	13	17.4	遼代後期	太寧寺 산중턱
16	낭방 영청백탑사대신각석탑 廊坊 永清白塔寺大辛閣石塔		龍泉寺塔, 白塔寺石塔	廊坊 永清縣 大辛閣鄉 大辛閣村	석탑	8각	密檐式	13	6	遼代後期	白塔寺 평지
17	낭방 삼하서관탑 廊坊 三河西關塔		-	廊坊 三河市 洵陽鎮 西關村	전탑						멸실
18	낭방 향하서은사탑 廊坊 香河棲隱寺塔		七郎塔, 香城塔	廊坊 香河縣 香河縣 于辛庄村	전탑	8각	-	9	-	統和24 (1006)	멸실
19	요대 다보천불석당 遼代 多寶千佛石幢		-	保定 涿州市 護國仁王寺	石經幢	8각				大康10 (1084)	護國仁王寺 京都國博
20	보정 역현연자탑 保定 易縣燕子塔		觀音禪寺塔	保定 易縣 高陌鄉 燕子村	전탑	8각	密檐式	13	16.5	正德5 (明, 1510)	평지 (요탑계승)
21	보정 순평오후탑 保定 順平伍候塔		-	保定 順平縣 腰山鎮 南伍侯村	전탑	6각	密檐式	5	22.5	明代	평지 (요탑계승)

5) 산서성(山西省)

번호	명칭	이칭·별칭	소재지	유형	평면	양식	층수	높이(m)	시기	비고
1	응현 불궁사석가탑 應縣 佛宮寺釋迦塔	應縣木塔	朔州 應縣 金城鎮 佛宮寺	목탑	8각	樓閣式	5	67.3	清寧2 (1056)	평지
2	대동 영구각산사탑 大同 靈丘覺山寺塔	-	大同 靈丘縣 紅石塄鄉 覺山寺	전탑	8각	密檐式	13	43.5	大安6 (1090)	산중턱
3	대동 선방사탑 大同 禪房寺塔	-	大同 南郊區 塔兒山 丈人峰	전탑	8각	樓閣式 密檐式	7	20	遼代後期	山頂

6) 북경시(北京市)

번호	명칭		이칭·별칭	소재지	유형	평면	양식	층수	높이(m)	시기	비고
1	북경 밀운야선탑 北京 密雲冶仙塔		-	北京 密雲區 檀營鎮 三仙洞	전탑	8각	樓閣式 密檐式	3	12	重熙8 (1039)	山頂
2	북경 방산호천탑 北京 房山昊天塔		良鄉多寶佛塔, 良鄉塔	北京 房山區 良鄉鎮 昊天公園	전탑	8각	樓閣式	5	36	咸雍4 1068	평지
3	북경 방산만불당화탑 北京 房山萬佛堂花塔		-	北京 房山區 永定鎮 萬佛堂村	전탑	8각	花式	1	24	咸雍6 (1070)	萬佛堂 산중턱
4	북경 계태사법균대사탑 北京 戒台寺法均大師塔	北塔	靈塔, 墓塔	北京 門頭溝區 永定鎮 馬鞍山	전탑	8각	密檐式	7	13	大安7 (1091)	戒台寺 산중턱
		南塔	衣鉢塔		전탑	8각	密檐式	5	12		
5	북경 해정보암탑 北京 海淀普庵塔		普安塔	北京 海淀區 四季青鄉 四王府村	전탑	8각	密檐式	7	(9)	遼代後期	普庵 산중턱
6	북경 방산천개탑 北京 房山天開塔		天開寺塔	北京 房山區 韓村河鄉 天開村	전탑	8각	樓閣式	(3)	(15)	天慶7 (1109)	天開寺 평지
7	북경 방산운거사나한탑 北京 房山雲居寺羅漢塔		雲居寺北塔, 紅塔	北京 房山區 大石窩鎮 水頭村	전탑	8각	樓閣式	2	30	重熙연간 (1032-1055)	雲居寺 산중턱

8	북경 서성천녕사탑 北京 西城天寧寺塔	-	北京 西城區 天寧寺前街 天寧寺	전탑	8각	密檐式	13	57.8	大康9 (1083)	天寧寺 평지
9	북경 통주연등탑 北京 通州燃燈塔	燃燈佛舍利 塔, 通州塔	北京 通州區 大成街 佑勝 教寺	전탑	8각	密檐式	13	48 (45)	重熙연간 (1032-1055)	복원
10	북경 방산조탑 北京 房山照塔	-	北京 房山區 南尙樂鎭 塔 照村	전탑	8각	密檐式	7	15	遼代後期	金粟山 山頂
11	북경 방산옥황탑 北京 房山玉皇塔	-	北京 房山區 大石窩鎭 高 庄村	전탑	8각	密檐式	7	15	遼代後期	山頂
12	북경 방산장공원유사니탑 北京 房山庄公院劉尼塔	房山定光佛 舍利塔, 庄公院塔, 超化寺塔	北京 房山區 周口店鎭 婁子水村	전탑	8각	密檐式	3각	7	淸寧2 (1056)	超化寺 산중턱
13	북경 방산영축선사탑 北京 房山靈鷲禪寺塔	鞭塔, 谷積 山院塔	北京 房山區 靑龍湖鎭 北車營村	전탑	6각	密檐式	7	7	太康4 (1078)	谷積山 山頂
14	북경 방산운거사노호탑 北京 房山雲居寺老虎塔	-	北京 房山區 大石窩鎭 水頭村	전탑	8각	密檐式	5	9	遼代後期	山頂
15	북경 영광사초선탑 北京 靈光寺招仙塔	畫像千佛塔	北京 石景山區 翠微山	전탑	8각	樓閣式	(10)	-	咸雍7 (1071)	龍泉寺 산중턱
16	북경 창평반절탑 北京 昌平半截塔	-	北京 昌平區 東小口鎭 半截塔村	전탑	8각	密檐式	(13)	-	遼代	평지
17	북경 방산운거사정완법사탑 北京 房山雲居寺靜琬法師塔	靜琬法師墓 塔, 開山琬 公塔	北京 密雲區 大石窩鎭 水頭村	전탑	8각	樓閣式 密檐式	3	12	重熙8 (1039)	山頂
18	북경 방산정혜대사영탑 北京 房山正慧大師靈塔	-	北京 房山區 張坊鎭 張坊 村	석탑	8각	密檐式	5	6	天慶10 (1120)	雲居寺
19	북경 방산운거사속비장석경탑 北京 房山云居寺續秘藏石經塔	壓經塔	北京 房山區 大石窩鎭 水頭村	석탑	8각	密檐式	7	5	天慶8 (1118)	雲居寺
20	북경 순의무구정광사리탑 北京 順義無垢淨光舍利塔	順義寶塔, 淨光舍利塔, 南關塔	北京 順義區 古城 南門外	전탑	8각	密檐式	13	-	統和25 (1007)	출토유물 멸실
21	북경 방산북정탑 北京 房山北鄭塔	北鄭村遼塔	北京 房山區 長溝鎭 北鄭村	전탑	8각	密檐式	13	-	重熙20 (1015)	출토유물 멸실
22	북경 방산운거사장경탑 北京 房山雲居寺藏經塔	雲居寺南塔, 釋迦佛舍利 塔	北京 房山區 大石窩鎭 水頭村	전탑	8각	密檐式	13	-	天慶7 (1117)	복원
23	북경 대흥탑림 北京 大興塔林	-	北京 大興區	전탑	-	-	-	-	遼代	塔林 출토유물
24	북경 선무법원사탑 北京 宣武法源寺塔	-	北京 宣武區	전탑	-	-	-	-	大安10 (1094)	출토유물
25	북경 조양 출토 사리석함 北京 朝陽 出土 舍利石函	-	北京 朝陽區	전탑	-	-	-	-	遼代	출토유물

7) 천진시(天津市)

번호	명칭	이칭·별칭	소재지	유형	평면	양식	층수	높이 (m)	시기	비고
1	천진 계주관음사백탑 天津 薊州觀音寺白塔	漁陽郡塔, 獨樂寺塔, 天津白塔	天津 薊州區 薊縣城址	전탑	8각	密檐式	3	20.6	淸寧4 (1058)	蘇縣城內 평지
2	천진 계성천성사고불사리탑 天津 薊州天成寺古佛舍利塔	天成寺舍利 塔, 盤山舍 利塔	天津 薊州區 翠屛山鄕 翠屛山	전탑	8각	密檐式	13	22.6	天慶1-10 (1101-1110)	산중턱
3	천진 계주복산탑 天津 薊州福山塔	鷄鳴塔, 段 庄子遼塔, 金庄子遼塔, 福山遼塔	天津 薊州區 五百戶鎭 福山	전탑	8각	樓閣式	1	19	遼代後期	구릉정상

III. 요탑의 유형

1. 재료에 따른 분류

1) 목탑(木塔)

중국의 목탑은 東漢時代 다층 목조누각 건물이 결합하여 방형 누각식 목탑이 출현하게 된 것으로 알려져 있다. 중국 목탑의 기원은 漢末 삼국시대 笮融(?~195년)이 浮圖寺를 크게 일으켜 "上累金盤 下爲重樓"하였다는 기록을 근거로[4] 북위시대에 들어와 다수의 목탑이 건립되었을 것으로 추정된다. 『洛陽伽藍記』에도 당시 도읍이었던 낙양 일대에 사원이 즐비하였고 탑들이 나란히 늘어서게 되어 도성 안팎으로 천여 개의 사찰이 있었다고[5] 하는데 상당수의 탑은 목탑이었을 것으로 추정되고 있다. 현재까지 알려진 중국 목탑의 대표적인 예로는 북위 熙平 원년(516년)에 건립된 방형 9층의 永寧寺 목탑을 들 수 있지만 지금은 탑지와 기단 일부가 복원된 상태이다.

토제 고층 건물 (동한, 하남성박물관 소장)

영녕사 목탑지 (북위, 洛陽)

현존하는 가장 빠른 시기의 중국목탑은 山西省 朔州市 應縣 불궁사석가탑으로 요 淸寧2년(1056년)에 건립되었다. 탑 내부의 꼭대기층(5층)까지 오를 수 있는 누각식 목탑으로 각층은 소조상을 배치하여 예불 공간으로 활용되고 있다. 목탑의 1층에는 중앙에 1구의 석가모니상, 2층에는 불보살상과 협시, 3층은 사방불을 4방에 배치하였고, 4층에는

---

4   張馭寰, 앞의 책, 2000, p.132.
5   양현지 지음, 서윤희 옮김, 『洛陽伽藍記』, 눌와, 2001, pp.24~25.

본존불과 아난·가섭상, 문수·보현보살상을 모셨다. 그리고 5층에는 비로자나불과 8대보살상을 안치하였다. 이 탑은 현존하는 유일한 요대 목탑이라는 점에서도 학술적으로 매우 주목되고 있다.

2) 전탑(塼塔)

전탑은 재료의 견고성과 내구성, 각종 도안과 장엄을 표현하기 용이한 수월성 등의 장점이 있다. 일부에서는 재료의 조합에 따라 전돌만을 사용한 순수 전탑, 목조 가구가 결합된 塼木混合塔, 琉璃合築塔, 塼石混合塔으로 구분하기도 한다. 한국의 경우, 전탑은 탑을 건립하기에 앞서 人工을 가하여 벽돌을 생산하여야 했기 때문에 전국적인 건립에 지장을 주어 크게 유행하지는 못한 것으로 알려져 있으나[6] 중국의 전탑은 그 수를 헤아릴 수

朔州 應縣 불궁사석가탑

없을 정도로 많이 건립되었으며 현존하는 대부분의 탑 역시 전탑이다.

중국에서 전탑의 최초 사례와 관련해서는 『洛陽伽藍記』에 등장하는 진나라 무제 시기(265~290년 재위)에 건립된 太康寺의 삼층전탑이 있다. 즉 『낙양가람기』에는 낙양 建陽里 동쪽에 있는 崇義里에 있던 杜子休의 집이 진나라의 용양장군 王濬이 太康 원년(280년)에 吳나라를 평정한 후 창건한 太康寺터로서 원래 벽돌로 만든 삼층탑이 있다고 하며, 子休는 正光 연간(520~525년)초에 집을 희사하여 靈應寺를 짓고 그 전탑지에서 나온 벽돌을 이용하여 다시 삼층탑을 건립하였다고 전하고 있다.[7]

현재 남아있는 중국의 전탑 가운데 가장 오래된 탑은 河南省 登封 嵩岳寺에

---

6 정영호, 『한국의 석조미술』, 서울대학교 출판부, 1998, p.9.
7 양현지 지음, 서윤희 옮김, 앞의 책, 2001, pp.83~84.

남아있는 전탑이다. 탑은 北魏 孝明帝가 正光 4년(523)에 宣武帝의 離宮을 "閑居寺"로 고쳐 寺塔을 건립한 것으로, 이후 隋나라 開皇 연간(581~600년)에 사찰 이름을 숭악사로 고쳐 숭악사 탑으로 불리게 되었다. 이 탑은 평면 12각형의 밀첨식 15층 전탑으로 평면과 층수에서도 유일한 예로서 건축사적, 예술적, 기술적으로 크게 주목되는 전탑으로 평가되고 있다. 요대 전탑의 평면은 4각, 6각, 8각 등을 이루는데 이중 8각형이 대다수를 차지한다.

| 登封 숭악사탑
(12각 밀첨식,
북위, 523년) | 西安 대안탑
(4각 누각식,
당, 652년) | 康平 보탑사탑
(8각 밀첨식,
요, 태조연간) | 朝陽 북탑
(4각 밀첨식,
요, 1044년) | 洛陽 백마사제운탑
(4각 누각식,
금, 1175년 중수) |

전탑은 요탑 중에서도 가장 많은 수를 차지하고 있다. 요의 전탑은 기단부와 탑신부의 조각뿐만 아니라 공포부와 난간 등 목조건물의 요소를 대부분 전돌을 이용하여 표현하였다. 일반적으로 천궁과 지궁을 제외하고 내부가 전돌로 꽉 찬 實心의 구조적 특징을 보이고 있어 속칭 實心塔이라고도 하는데 대형 전탑의 경우 제1층 탑신에 塔室을 만들기도 하였다. 한편, 탑 내부에 천궁을 갖춘 탑을 만들고 외부에 다시 전돌을 쌓아올려 이중 구조를 갖춘 전탑도 확인된다. 이런 전탑의 경우 외부 구조를 건립할 당시의 계단 시설이 내부에 남아있는 경우가 있으나 건립 이후에는 밀폐되기 때문에 위로 오를 수는 없는 구조이다. 요탑 가운데서는 적봉 오한기에 있는 무안주 백탑이 대표적이다.

천궁의 내부

赤峰 敖漢旗 무안주백탑　　1층탑신 감실과 천궁(우),　　　외측 계단
　　　　　　　　　　　　　　외부 건립당시 계단시설(좌)

⑶ 석탑(石塔)

　석재를 가공하여 건립한 석탑은 재료가 갖는 내구성으로 일찍부터 탑의 재료로 활용되어 불교 전래 이후 다수의 석탑이 건립되었다. 중국에서는 支堤塔, 造像塔, 幢式塔, 寶篋印塔, 소형누각식탑, 소형밀첨탑, 法輪塔, 五輪塔, 多寶塔 등으로 구분되는 다양한 석탑이 건립되었다. 북경 房山 雲居寺 일대에는 金仙公主塔을 비롯하여 唐代에 건립된 평면 방형, 중층의 밀첨식 구조를 가진 석탑이 여러 기 남아있다. 이 석탑들은 기단부로 보기 어려울 정도의 낮은 받침 위에 높은 1층 탑신을 올렸는데, 1층 탑신 정면에는 아치형의 감실을 만들고 좌우에 금강역사 상을 배치하였으며 감실 내부에는 불보살상 등을 부조하고 있다. 한편 낙양 關林에 남아있는 석탑은 소형으로 옥개를 밀첨식에 기왓골을 표현하거나 받침단 등으로 표현하는 등 다양성이 확인된다. 이러한 밀첨식의 당대 석탑은 산서성 朔州市 崇福寺 曹天度9層石塔과 陝西省 銅川 耀州 延昌寺 석탑 등 북위시대에 건립된 석탑의 영향을 받은 것으로 여겨진다.

8　曹天度9層石塔은 崇福寺에서 반출되었다가 현재는 상륜부재만 崇福寺에 봉안되어 있으며, 탑신은 대만 臺北國立歷史博物館에 소장되어 있다.

曹天度 9층 석탑
(북위, 466년, 한성욱 사진)

陝西 藥王山石窟 延昌寺 석탑
(傳 북위)

洛陽 關林 석탑1
(당)

洛陽 關林 석탑2
(당, 715년)

北京 雲居寺 太極元年명
석탑(당, 712년)

北京 雲居寺 金仙長公主塔
(당, 721년)

조천도9층석탑은 현존하는 중국 석탑 가운데 가장 이른 시기의 것으로 北魏 天安 원년(466년)에 조성되었는데 평면 4각형의 중층 누각식 석탑이다. 또한 연창사 석탑은 북위시대에 만들어진 것으로 전하는데 역시 평면 4각형의 중층 누각식 석탑임을 알 수 있다. 이들 석탑은 모두 평면이 4각형이라는 공통점을 지니는 동시에 각 층 탑신 면에 기둥을 표현하고 불보살상 등의 조각상을 새겼다. 옥개하부에는 서까래와 상부에 기왓골을 표현하는 등 사실적인 장엄을 보여주고 있다. 이와 같이 북위시대에 만들어진 고층을 표현한 석탑은 이후 당대에 들어와 2층 이상의 탑신이 아예 없거나 매우 낮아졌고, 이로 인해 탑신 면을 화려하게 장식하던 조각상도 점차 사라지게 된 것으로 추정된다.

朝陽 괴수동 석탑
(요)

요대에 건립된 석탑은 형태에 따라 전탑형 석탑과 경당식 석탑으로 구분할 수 있으며, 경당식 석탑의 경우 모두 요대 탑파에서 유행한 평면 8각의 밀첨식 구성을 보이는 특징이 있다. 전탑형 석탑으로는 朝陽 槐樹洞塔을 예로 들 수 있다. 괴수동탑은 현재 기단부와 1층 탑신 일부만 남아있지만, 돌출된 사자상, 안상 내에 표현되는 주악상과 보살상, 연화문 등 요대 전탑의 구조적 특징과 장식성이 확인된다. 경당식 석탑으로는 북경일대에서 건립된 廊坊 永淸 白塔寺 大辛閣石塔, 北京 房山 雲居寺 靜琬法師塔, 北京 房山 正慧大師靈塔 등이 있다. 이 석탑들은 모두 평면 8각형으로 구성되었는데 평면 4각형에서 8각형으로의 변화는 이전 시대와 구별되는 요대 석탑의 큰 차이점이다.

北京 雲居寺 정완법사탑
(요, 1093년)

한편, 중국에서 석탑은 전탑의 지궁에 봉안하기 위해 만들어진 경우도 많이 있다. 요대의 대표적인 지궁 봉안 석탑으로는 北京 房山 天開塔 지궁에서 출토된 석탑(현 운거사 소장)을 들 수 있다. 이 석탑은 8각의 기단부 위에 탑신과 상륜부는 4각형의 평면을 보이는 특이한 구조로서 석조부도에 가까운 형태로 주목된다.

北京 정혜대사영탑
(요, 1116년)

廊坊 대신각석탑
(요)

北京 천개탑 지궁
천개사리탑(요, 1109년)

2. 양식에 따른 분류

1) 밀첨식탑(密檐式塔)

요탑의 대부분을 차지하고 있는 밀첨식탑은 누각식탑에서 발전된 것으로 알려져 있다. 즉 목탑에서 전탑과 석탑으로 이행하는 과정에서 목조의 가구를 모방한 결과로 출현한 것으로 이해된다.

밀첨식탑의 가장 큰 특징은 1층의 탑신이 크고 높으며, 2층 이상의 탑신은 높이가 급격하게 낮아져 각 층 옥개의 처마부분이 조밀한 구조를 띠고 있는 점이다. 이와 같이 밀첨식탑의 2층 이상 탑신에서 나타나는 공간의 제약으로 인해 요탑의 1층 탑신에서 일반적으로 보이는 아치형 문, 문비, 광창 등의 건축적 요소와 불보살상, 공양비천상, 천개, 八大靈塔 등의 장엄적 요소가 거의 없고, 상층 옥개부 하단의 공포부와 아래층 옥개부 지붕과 맞닿게 되거나, 받침단으로 형성된 옥개하부의 매우 낮은 탑신에 銅鏡을 부착하거나 또는 구멍을 내는 정도로 마무리되고 있다.

그리고 밀첨식탑은 대부분 내부가 전돌로 채워져 있어 내부로 진입하거나 상부로 올라갈 수 없으며, 문이나 창도 없이 작은 구멍을 각 면에 1개씩 시설하고 있는 특징을 보인다.

옥개하부 공포부와 겹처마(朝陽 팔릉관탑)　옥개하부 받침단(朝陽 황화탄탑)

그러나 밀첨식탑 가운데 내부가 비어 있거나 계단이 설치되어 상층으로 올라갈 수 있는 구조를 가진 탑들도 확인되고 있다. 이처럼 내부가 누각식 구조를 띠는 밀첨식탑은 北魏시대부터 唐代를 거쳐 遼·金代에까지 건립되었다. 또한 渤海도 밀첨식 구조로 탑을 건립하였음을 長白 渤海靈光塔을 통해 알 수 있다. 이러한 형식을 밀첨누각식탑으로 구분하여 하나의 유형으로 분류하기도 하는데, 북위시대의 嵩山 嵩岳寺塔, 唐代의 彭縣 龍興寺塔과 西安 小雁塔, 臨汝 風穴寺 貞禪師塔(七祖塔), 永昌 景容寺塔, 昆明 西塔 등이 있으며, 遼代의 탑 가운데에는 朝陽 喀左 大城子塔이 대표적이다.[9]

西安 소안탑
(당, 707년, 4각형,
밀첨누각식)

臨汝 風穴寺 정선사탑
(당, 4각형,
밀첨누각식)

朝陽 喀左 대성자탑
(요, 8각형,
밀첨누각식)

長白 영광탑
(발해, 4각형,
밀첨누각식)

9　張馭寰, 앞의 책, 2000, p.91.

2) 누각식탑(樓閣式塔)

누각식탑은 높은 樓閣의 구조에서 유래된 것으로 높은 곳을 통해 하늘에 통하고 의지할 수 있다는 중국의 전통적 사상과 부처에게 예를 올리거나 공양하는 불교의 종교적 사상이 결합되어 나타난 것이라고 할 수 있다. 따라서 누각식목탑의 경우 누각을 이루는 기단과 기둥과 공포 등 목가구, 지붕, 상층을 오르는 계단시설을 마련하고 각층을 통한 조망뿐만 아니라 각층에 확보된 공간에 불상을 봉안하여 종교적 의례를 가능하도록 하였다.

이와 같은 누각식탑은 東漢 말기의 건축에 기원하고 있으며 남북조시대를 거치면서 중국의 탑파 건축에서 주류를 형성하였는데, 특히 長江이남의 지역에서 많이 건립되었다. 그러나 현재 남북조시대의 누각식탑은 남아있지 않으므로 가장 이른 시기의 예는 大同 雲崗石窟이나 洛陽 龍門石窟 등 석굴사원의 벽면에 조각된 탑 부조(北魏)와 敦煌石窟 벽화(北周) 등에서 그 존재를 확인할 수 있다.[10]

누각식탑은 木, 塼, 石, 琉璃(陶), 금속 등 다양한 재료를 이용하여 건립되었다. 이 가운데 누각식 전탑은 비록 1층 탑신의 높이가 상대적으로 높은 경우가 많으나 2층 이상의 탑신 높이가 비교적 높게 확보되어 자체로 웅장함을 느끼게

대동 운강석굴 11호굴 부분 　대동 운강석굴 14호굴 부분 　대동 운강석굴 17호굴 부분
(북위, 누각식탑) 　　　　　　(북위, 누각식탑) 　　　　　　(북위, 누각식탑)

10　張馭寰, 앞의 책, 2000, p.87.

하는 고층 누각의 형태이다. 그리고 각 층의 탑신은 전돌을 이용하여 문, 창, 기둥, 공포부뿐만 아니라 평좌와 난간에 이르기까지 목조 건축의 요소를 모방하고 사실대로 표현하고 있다. 탑의 내부는 탑신의 층수와 동일한 구조를 띠고 있어 각층에 마련된 계단을 이용하여 상부로 오를 수 있도록 하였으나 목탑에서 처럼 각 층의 공간이 개방적이지 않고 통로형으로 이루어진 경우가 많다.

요대에 건립된 누각식탑은 밀첨식탑에 비해 그 예가 매우 적다. 요대에 건립된 누각식탑으로는 현존 最古의 목탑인 應縣 佛宮寺釋迦塔(1056년)을 비롯하여 보정 탁주쌍탑으로 알려진 탁주 운거사탑과 탁주 지도사탑, 赤峰 파림우기

保定 涿州 운거사탑
(요)

保定 涿州 지도사탑
(요, 1031년)

巴林右旗 경주백탑
(요, 1049년)

呼和浩特 만부화엄경탑
(요, 성종연간)

北京 房山 호천탑
(요, 1068년)

北京 密雲 야선탑
(요, 1039년)

北京 房山 운거사 나한탑
(요, 중희연간)

北京 房山 천개탑
(요, 1109년)

慶州白塔과 호화호특 萬部華嚴經塔, 북경 방산 호천탑 등이 있다. 이 중 호천탑은 북경일대에서 확인되는 고층의 누각식 전탑으로 주목되기도 하는데 이 탑은 군사용으로 사용하기 위한 목적도 있었던 것으로 알려져 있다. 북경 지역에 건립된 요탑 중에는 밀운 야선탑, 방산 운거사 나한탑, 방산 천개탑 등과 같이 3층 이하의 누각식 전탑으로서 외형에서부터 새롭게 변화된 모습을 보이고 있는 탑들도 건립되었다.

3) 화식탑(花式塔)

화식탑은 멀리서 보면 탑신 위에 꽃이 만개한 것과 같이 보인다고 하여 花塔으로 약칭한다. 이러한 외형적 특색은 구조적인 특징에서 비롯한 것으로 화탑의 구조는 상대적으로 낮게 조성된 기단부와 정각형의 1층 탑신과 옥개부, 그리고 옥개 상면의 여러 단으로 구성된 원추형에 가까운 부분(塔冠)과 상륜부로 구성된다.

화식탑의 탑신을 구성하는 정각식탑은 누각식탑과 동시기에 출현한 탑 유형으로 小塔의 건립과 밀접한 관련이 있다. 특히 인도에서 전래된 Stupa(窣堵波)의 구조와 유사한 형태가 『낙양가람기』에 보이는 한나라 明帝 사후(75년) 陵 정상에 건립한 祭祠에서 유래하는 것으로 알려져 있다. 이러한 중국 고대의 塚上 건축이 소형의 정각식탑의 출현을 가져온 것으로 이해되고 있다.[11]

山東省 濟南市 歷城 神通寺의 조사탑은 불교적인 정각식탑으로 最古 사례이며, 이후 당대에 건립된 다수의 祖師와 禪師의 탑에서 정각식 탑이 확인되고 있다. 특히 河南省 登封市 會善寺 淨藏禪師塔은 높은 기단과 목조건축을 충실히 모방하여 화려한 상부구조를 가지고 있는 점에서 요대에 건립된 화탑과의 유사성을 확인할 수 있다. 따라서 요대 건립된 소형 화탑 역시 승려의 묘탑일 가능성이 높다.

---

11   羅哲文, 『古代名塔』, 遼寧師範大學出版社, 1996, p. 25.

요탑 중에서 금주 의현 팔탑자탑은 정각식탑으로 8기의 소형 탑으로 조성되었다. 이 탑들은 최근 상당부분 보수되었으나 8개의 봉우리에 각각 1기씩 탑을 건립하였다는 점에서 주목된다.

신통사 사문탑(수, 山東 濟南 역성)

회선사 정장선사탑(당, 746년, 河南 登封)

화식탑에서 가장 큰 특징을 보이는 원통형 부분은 1층 탑신의 옥개부 상면에 연화받침을 마련하고 여러 층으로 구성하고 있으며 각 층에는 전돌을 이용하여 간략화된 1~2층의 전각형을 만들고 각각의 감실과 지붕 상면에 불보살상을 배치하고 연꽃 또는 동물상을 배치하여 매우 장식적인 모습을 보이고 있다.

이와 같이 화식탑은 唐代에 건립되기 시작한 정각식탑으로부터 그 양식적 기원을 두고 있다고는 할 수 있다. 그러나 요대에 들어와 불교가 크게 흥성하는 환경 속에서 창의성을 바탕으로 건립된 가히 실험적이라 할 수 있을 정도로 완전히 새롭게 나타난 독창적 양식의 탑으로 볼 수 있다. 요의 화식탑은 당산 차축산 화탑을 비롯하여, 보정 내수 경화사화탑, 북경 방산 만불당화탑 등에서 가운데가 볼록한 화탑의 정형을 이루고 있으며, 금주 반길화탑은 세장해지고 조양 쌍탑사 요탑과 계주 복산탑은 보륜형으로 간략화되는 후대 변형이 이루어지는 것으로 파악된다. 요 화식탑의 특징은 이후 금대의 화식탑으로 계승되었으나, 금대에 건립된 화식탑은 상부의 장식이 간략해지는 경향을 보이고 원대에 들어와서는 거의 건립되지 않는 특수한 양식의 탑이다.

唐山 豐潤 차축산화탑
(요, 1032년)

北京 房山 만불당화탑 (요, 1070년)

保定 淶水 경화사화탑(요)

錦州 凌海 반길화탑(요, 1058년)

朝陽 쌍탑사 동탑 (요)

薊州 복산탑(요, 天津 薊州)　　北京 진강탑(금, 北京 豊台)　　불광사 고공화상묘탑
　　　　　　　　　　　　　　　　　　　　　　　　　　　　　(금, 1205년, 山西 五臺)

4) 혼합식탑(混合式塔)

　　요탑 가운데 11세기에 건립된 북경 방산 운거사 나한탑, 천진 계주 관음사 백탑, 적봉 원보산 정안사백탑 등은 기단부와 탑신부가 요나라 전탑의 전형적인 양식을 보이고 있으나 상부의 조영에 있어서 독창성을 보이고 있다.

　　특히 운거사 나한탑은 2층으로 구성된 누각식 탑신 상부에 난간형 받침을 마련하고 복발형 탑신을 올린 다음 3단의 8각 받침을 마련하고 그 위에 다시 원뿔 모양으로 보륜형 단을 9단으로 높게 구성하여 별도의 상륜을 올리고 있다. 이러한 모습은 외형적인 측면에서 화식탑에서 보이는 것과 매우 유사하지만 화식탑의 세부 구성이나 장엄 등과 비교할 때 큰 차이를 보이고 있으며 오히려 라

北京 房山 운거사 나한탑
(요, 중희연간)

天津 薊州 관음사백탑
(요, 1058년)

赤峰 元寶山 정안사백탑
(요, 1062~1072년)

마탑 상부나 복발식탑과 더욱 가깝다고 할 수 있다.

또한 관음사백탑은 운거사 나한탑에서 보이는 양상과는 다른 더욱 복잡한 구조와 장엄을 보이고 있다. 이 탑은 높은 수미좌를 갖춘 2층의 밀첨식 탑신 위에 복발형 탑신을 올린 형태로 복발형 탑신의 하부에는 앙련형 연화문을 장식하고 상부에는 하엽형의 장식이 표현되었다. 그리고 복발형 탑신 위에는 8각의 높은 단을 마련하고 여러 단의 받침단과 기와를 올린 옥개를 표현하고 있으며, 보륜도 13단으로 더욱 높고 화려한 모습을 보이고 있다. 이처럼 운거사 나한탑은 누각식탑과 복발식탑이 혼합된 양식이며, 관음사백탑은 밀첨식탑과 복발식탑이 결합된 형태이다.

한편, 원보산 정안사백탑은 복발형 탑신이 상륜부재처럼 간략화 되었으나 관음사백탑에서 보이는 것과 같은 3층 밀첨식 탑신 위에 복발형을 올린 형태였을 가능성이 높다. 이러한 요대 혼합식탑은 금대에 건립된 북경 문두구 원정법사탑이나 북경 은산탑림내 전탑, 보정 역현 쌍탑암 남탑(金代 건립), 하북성 張家口 陽原 澍鶩寺塔 등에 영향을 준 것으로 판단된다. 이와 같은 요-금시기에 건립된 혼합식탑은 운거사 나한탑과 관음사백탑을 제외하고 모두 승려의 묘탑이거나 묘탑으로 추정되는 점에서 요대에 새롭게 등장한 이후 승려의 묘탑 양식에 영향을 미쳤을 가능성도 있다.

北京 門頭溝 원정법사탑　　　北京 昌平 은산탑림내 전탑　　　張家口 陽原 주취사탑
(금, 황통6년, 1146년)　　　　　　　(금)　　　　　　　　　　(청대 중수)

IV. 요탑의 특징

　　초기의 중국 탑은 기단부가 생략되거나 매우 간결하였으며, 탑신의 장엄 또
한 매우 단순하게 표현되었다. 그러나 요대에 들어와 규모, 형태, 장식 등 전반
적인 탑의 변화를 가져오게 된다. 요탑의 일반적인 특징은 8각형의 평면구조,
수미좌로 표현되는 크고 높은 기단부와 난간을 갖춘 平座와 연화좌로 구성된
탑신 받침단, 크고 높은 1층 탑신과 탑신 각 면을 가득 채운 화려한 장엄조각, 2
층 이상의 부분은 밀첨식으로 구성한 단순한 외형, 상륜부 정상에 크고 높은 금
속제 상륜을 올린 점 등이다.[12] 이와 같이 요탑에서 나타나는 새롭고 독창적인
구조와 조영기법 외에도 탑신 표면에 八大靈塔을 장엄 요소로 채용한 것 또한
매우 특징적이다.

　　밀첨식탑은 요탑 가운데 가장 많이 건립된 유형으로 전체 100여기 가운데

12　張馭寰, 앞의 책, 2000, p. 40.

80여기에 이른다. 밀첨식탑은 기단부 높은 1층 탑신과 밀첨의 탑신부, 그리고 상륜부로 조형이 비교적 획일화되었으며 상대적으로 여유 공간이 많은 기단부와 1층 탑신에 화려한 조각을 통한 장엄이 이루어졌다. 요탑에서 기단부는 주로 수미좌의 형상으로 가장 화려하게 장식되는 부분이기도 하다. 일부 탑에서는 성벽이나 건물의 기단처럼 괴체형으로 마련되기도 하지만 일반적인 요탑의 수미좌는 안상, 공포, 난간 등 각 부분에 연화문을 비롯한 각종의 화문과 연주문, 신장상, 보살상, 공양상, 비천상, 사자상, 동물상 등이 입체적으로 표현되었다. 기단 상면 1층 탑신 아래에 놓이는 연화좌의 탑신받침은 요탑에서 특징적인 부분으로 일부 평좌로 마련되기도 하지만 넓은 연판을 3단으로 구성하여 높고 화려한 모습의 연화장 세계를 구현하고 있다.

대부분의 밀첨식탑은 상대적으로 매우 높은 1층 탑신을 마련하고 있다. 이곳에는 불보상, 공양비천상, 천개, 팔대영탑 등의 장엄 조각은 물론 감실, 문, 문비, 광창 등의 건축적 요소가 사실적으로 표현되었다. 이는 唐代 탑에서는 보기 드문 양상으로 요나라 조각의 특성을 확인할 수 있다.

특히, 요탑에서 가장 주목되는 점은 1층 탑신의 기둥이나 벽면에 다양한 八大靈塔을 부조하고 있는 것이다. 팔대영탑이란 불교에서 석가모니의 일생과 관련된 성지 8곳에 건립된 대탑들을 의미한다. 비록 부처님의 사리를 봉안하지는 않았으나 그에 버금가는 존숭과 신앙의 대상으로 아육왕이 세웠다는 佛生處塔, 菩提樹塔, 轉法輪塔, 般涅槃塔 등 4탑과 석가모니가 신통력을 보인 다른 곳의 4탑이 더해져 팔대영탑이 되었다고 한다.[13] 중국에서는 구법승과 전법승들의 인도 왕래가 활발해진 8세기 전반경부터 알려지기 시작하였다.[14]

팔대영탑의 신앙을 잘 보여주는 예로써 성종 때 부처님의 일대기를 기념하

---

13 성서영, 「요대 조양지역의 불탑 부조 도상 연구」, 홍익대학교 대학원 석사학위논문, 2010, p. 39.
14 周炅美, 「遼代 八大靈塔 圖像의 研究」, 『中央아시아研究』 제14호, 중앙아시아학회, 2009, p. 142.

기 위하여 세웠다는 금주 의현 팔탑자탑이 있다. 봉우리마다 세워진 8기의 탑은 각각 淨飯王宮生處塔, 菩提樹下成佛塔, 鹿野苑中法輪塔, 給孤園中名稱塔, 曲女城邊寶積塔, 耆堵崛山般若塔, 庵羅衛林維摩塔, 婆羅林中圓寂塔이라고 전해지고 있다. 이와 같이 팔대영탑의 塔名을 명문으로 전하고 있는 요탑으로는 적봉 영성 중경대탑, 요양 남탑, 조양 봉황산 운접사탑, 호로도 홍성 백탑욕탑 등이 있다. 다만 앞의 3기의 탑은 탑신 모서리나 탑신 각 면에 팔대영탑을 부조하고 별도로 탑신 면에 제액이나 벽비 등의 공간을 마련하여 탑명을 기록한 것과[15] 다르게 호로도 홍성 백탑욕탑은 모서리에 팔대영탑을 새기지 않고 원형 기둥에 탑명을 새겨 차이를 보이고 있다.

현재 남아있는 요탑에 표현된 팔대영탑은 그 형태에 따라 전탑형과 석탑형, 그리고 석당형으로 구분할 수 있다. 먼저 전탑형 팔대영탑은 기단부, 밀첨식 탑신부와 상륜부를 갖춘 형태로 주로 조양지역에 건립되었으며, 평면 4각형의 밀첨식 전탑의 탑신 각면 좌우에 1기씩 표현되었다. 다시말해 각 면마다 2기의씩 평면 4각형의 밀첨식 소탑 형태로 부조되어 있다.

금주 의현 팔탑자탑

이들 소형의 八大靈塔은 각각의 탑명이 새겨진 벽비형의 탑비가 함께 새겨져 있어 8탑의 이름뿐만 아니라 팔대영탑 신앙의 성격을 보여주는 중요한 도상적 특징을 보여주고 있다. 또한 전탑형 팔대영탑은 기단부 위에 앙련형의 연화좌를 갖추고 있으며 높게 마련된 1층 탑신에는 주로 연화대좌 위에 가부좌한 좌상을 새기고 1층 탑신 위에는 밀첨식의 상

---

15 조양 봉황산 대보탑의 탑신 각 면에도 2기씩의 八大靈塔을 부조하고 그 옆에 벽비 형태의 공간이 마련되어 있으나 명문은 지워지고 없지만 원래는 八大靈塔의 이름을 새겼던 것으로 추정된다.

전탑형 八大靈塔(밀첨식, 4각)

탑명	조양팔릉관탑	조양북탑	조양 오십가자탑	조양 봉황산 대보탑	조양 봉황산 운접사탑
위치	1층 탑신면	기단면	1층 탑신면	1층 탑신면	1층 탑신면	1층 탑신면
층수	13층	13층	13층	9층이상	9층	13층
사진						

부를 9층 이상으로 높게 올린 다음 상륜부를 표현하고 있다. 이처럼 전탑형의 팔대영탑은 조양지역에 건립된 평면 4각형의 밀첨식 전탑에만 보인다는 지역적 특징과 함께 그 형태도 해당 전탑을 모방하여 간략하게 표현 있다는 특징을 보인다.

석탑형 팔대영탑은 그 위치에 따라 탑신 각 모서리에 배치되는 것과 전탑형과 같이 탑신 면에 배치되는 형태로 나누어진다. 먼저 팔대영탑이 모서리에 배치된 탑은 강평 보탑사탑, 부신 탑산탑, 북경 계태사 법균대사(남)탑, 장가구 울현 남안사 탑, 보정 탁주 영안사탑, 역현 쌍탑암 북탑 등으로 모두 1층 탑신이 매우 높게 표현된 세장형의 평면 8각형 밀첨식이다. 그리고 탑신 면에 배치되는 팔대영탑의 경우는 조양 쌍탑사 서탑과 적봉 파림좌기 상경남탑, 영성 반절탑, 파림우기 경주백탑 등에서 확인된다. 평면은 4각과 8각으로 차이를 보이는데, 평면 4각형은 쌍탑사 서탑과 상경 남탑이고, 평면 8각형은 영성 반절탑과 경주백탑 등이 있다. 이들 탑은 누각식 또는 정각식에 가까운 형태로 누각식 탑인 경주백탑을 제외하고 모두 1층 탑신에만 배치되었으며 팔대영탑의 1층 탑신에 방형의 감실을 표현하고 있는 공통점이 있다. 경주백탑에서는 탑신 모든 층에서 석탑형의 평면 8각형 탑을 4면에 부조하고 있는데 1층에는 2기씩, 나머지 2층 이상의 탑신에는 각 면 3기씩 배치한 특징을 보이고 있다. 경주백탑은 팔대영탑이 새겨진 탑 중 유일한 누각식탑으로 주목된다.

석탑형(Ⅰ) 八大靈塔(밀첨식, 8각)

탑명	강평 보탑사탑	부신 탑산탑	장가구 울현 남안사탑	북경 계태사 법균대사 남탑	보정 탁주 영안사탑	보정 역현 쌍탑암 북탑
위치	1층 탑신모서리	1층 탑신모서리	1층 탑신모서리	1층 탑신모서리	1층 탑신모서리	1층 탑신모서리
층수	9층	9층	5층	5층	5층	3층
사진						

석탑형(Ⅱ) 八大靈塔

형식	4각		8각	
탑명	조양 쌍탑사 서탑	적봉 파림좌기 상경남탑	영성 반절탑	파림우기 경주백탑
위치	1층 탑신면	1층 탑신면	1층 탑신면	전층 탑신면
층수	3층	3층	3층	3층
사진				

한편, 석당형 八大靈塔은 적봉 영성의 중경대탑과 정안사백탑, 탁주 역현 성탑원탑, 보정 내수 서강탑, 천진 계주의 관음사백탑과 복산탑 등 6기에서 확인되며 모두 평면 8각형의 모습을 보인다는 공통점이 있다. 석당형 팔대영탑의 위치는 1층 탑신모서리에 1기씩 새겨지거나 탑신 면에 2기가 새겨진 경우가 있다. 모서리에 새겨진 것은 장막형 장식과 연화좌를 갖춘 2단의 석당으로 세로로 긴 장방형의 부재(일부는 석재)를 이용해 팔대영탑을 표현한데 비해서 탑신 면에 새겨진 복산탑의 경우는 3단의 형태로 모두 전돌을 가로형으로 쌓아 올린 차이를 보이고 있다.

석당형 八大靈塔(8각)

탑명	적봉 영성 중경대탑	적봉 영성 정안사백탑	탁주 역현 성탑원탑	천진 계주 관음사백탑	천진 계주 복산탑	보정 내수 서강탑
위치	1층 탑신모서리	1층 탑신모서리	1층 탑신모서리	1층 탑신모서리	1층 탑신면	1층 탑신면
층수	2층	2층	2층	2층	3층	2층
사진						

이처럼 요탑에 표현된 팔대영탑은 석가모니의 생애와 관련된 팔대성지에 세워진 탑 신앙을 수용하였다고 할 수 있지만, 팔탑자탑이나 전탑에 8탑을 새기는 것과 같이 한자리에 8기를 조성한 특징을 보이고 있다. 이렇게 팔대영탑을 1개의 탑 장엄에 사용한 요탑의 특징은 이후 금대에 건립된 河北 保定 淶水縣 皇甫寺塔(金), 北京 門頭溝 區 圓正法師塔(金 皇統6년, 1146년), 天津 昌黎 源影寺塔(金), 북경 창평 은산탑림내 전탑(금) 등에 영향을 끼친 것으로 확인된다.

한편, 팔대영탑은 탑신 남면을 시작으로 시계방향으로 순차적으로 배치되는데, 이는 1층 탑신에 배치되는 금강계 사방불 가운데 탑의 중심을 비로자나불로 보는 관점에서 8개의 소탑을 탑신에 배치한 것으로 이해되고 있다. 실제 적봉 영성의 중경대탑 1층 탑신에 새겨진 경당형의 팔대영탑에 새겨진 탑명은 탑신 남면의 비로자나불좌상을 중심으로하여 시계방향으로 배치되어 있다.[16]

요탑은 이외에 화탑과 혼합식탑과 같이 독창적으로 창안된 형식의 탑이 건립되었다. 대부분 전탑과 마찬가지로 석탑에서도 前代의 평면 4각형에서 벗어나 평면 8각이 중심을 이루고 있다. 또한 사찰의 주요 존숭과 예경의 대상으로

16 성서영, 앞의 논문, 2010, p.45.
금강계 사방불은 각 방향에 따라 동-아촉불, 서-아미타불, 남-보생불, 북-불공성취불을 의미하는데 요탑 가운데 1층 탑신면에 금강계 사방불을 배치한 예로는 조양 북탑, 조양 동평방탑, 조양 능원 십팔리보탑, 조양 쌍탑사 동탑 등이 있다.

河北 保定 淶水縣 皇甫寺塔(金)　　　　　天津 昌黎 源影寺塔(金)

서 뿐만 아니라 먼 곳에서도 조망되는 표식적 성격의 탑이 건립되기도 하였다.
그리고 상대적으로 멀리까지 볼 수 있는 장점을 이용하여 군사용으로 사용된
예도 확인되고 있다.

　　요탑은 구조적으로 볼 때 남북조시대와 당대를 거쳐 정착된 중국 탑의 기
본 구조를 계승하여 지궁과 천궁이라는 내부 공간을 마련하고 사리장엄을 하
였으나 기본적으로 목조 건축의 구조를 모방한 평면 8각형의 밀첨식을 채용하
여 고층의 탑으로 건립되었다. 수미좌의 기단부는 주로 평좌형으로 건립되었
는데 궁전건축에 비교될 정도로 매우 복잡한 모습으로 목조 가구를 충실히 재

현하고 있으며, 표면에는 불보살상, 인왕상, 공양상, 동물상 등과 각종 초화문과 같은 정교한 조각상을 배치하여 매우 화려하고 아름다운 자태를 보여주고 있다. 탑신부는 1층 탑신의 조영에 많은 공력이 집중된 부분으로, 아치형의 불감과 삼존불 형태의 불보살상, 천개, 공양비천상, 팔대영탑, 다포양식의 복잡한 공포부와 막새기와를 올린 옥개 등 기단부와 마찬가지로 목조건축을 충실히 재현하고 있다. 특히, 팔대영탑은 요의 불교 신앙을 엿볼 수 있는 요탑의 가장 특징적 요소로서 주목된다. 또한, 요탑의 대부분을 차지하는 밀첨식 탑에서 2층 이상의 탑신과 옥개는 받침단으로 간략히 처리하는 등 매우 소박하지만 상대적으로 경쾌한 특징도 보이고 있다. 이밖에 요탑의 상륜부는 전돌을 이용하여 8각의 받침단, 앙련형의 연화좌, 복발형 받침을 차례로 올린 다음 금속제 찰주를 세우고 여러 부재를 고정한 형태로 일정한 형식을 고수하고 있는 특징이 확인된다. 이러한 요탑은 구조와 장엄 등에서 금, 원 시기로 이어지는 후대의 탑 건립에 많은 영향을 끼쳤다.

요나라 연호가 새겨진 고려시대 문물

엄기표

(단국대학교 교수)

Ⅰ. 들어가는 말

Ⅱ. 遼나라 年號 사용 文物의 현황과 특징

Ⅲ. 遼나라 年號의 사용 추이와 의의

I. 들어가는 말

王建은 철원에서 弓裔를 몰아내고 918년 6월 15일 그의 휘하에 있었던 諸將들의 추대로 楓川原 布政殿에서 즉위했으며, 국호를 高麗, 年號를 天授라 했다. 그리고 919년 정월에 도읍을 松岳(開京년)으로 옮겼으며, 935년에는 신라를 병합하였고, 936년에는 후백제를 멸망시키면서 한반도에서 명실상부한 통일 왕조가 되었다. 이후 고려 왕조는 1392년 7월 朝鮮이 건국되기까지 34대 475년간 지속되었다. 이러한 고려는 불교를 國是로 삼았던 왕조였기 때문에 어느 왕조보다 불교문화가 융성했다. 한편 중국 대륙은 907년 唐이 멸망한 이후 五代十國과 契丹 등이 패권을 다투었는데, 북방에서 거란이 907년 통일 국가를 이룩하고 947년 국호를 遼로 칭하였다. 이처럼 10세기에 들어와 동아시아는 격변의 시기였다. 중원 지역은 960년 宋이 통일 국가를 이룩하기까지 혼란한 정국이 지속되었지만 북방 지역은 요에 의하여 빠르게 평정되었다.

고려가 한반도에서 패권을 차지하고 있을 때 중국 대륙은 遼와 宋~金~元으로 교체되었고, 이들 국가들은 고려와 우호 또는 적대 관계를 반복하였다. 이중에서 遼는 10세기부터 12세기 초반경까지 고려와 다양한 채널을 통하여 교류하였다. 특히 두 나라는 지배층부터 일반 백성에 이르기까지 불교를 깊이 신봉하여 불교를 통한 교류와 협력이 지속적으로 이루어졌다. 고려와 요나라는 복잡한 동아시아 정세 속에서 상황에 따라 우호와 적대를 반복하면서 국제 관계를 유지했던 것으로 알려져 있다. 그리고 거기에 따라 年號의 사용도 이루어졌다. 고려가 자체적으로 연호를 제정하여 사용한 경우도 있었지만 당시 중국을 중심한 범동아시아권에서의 국제 정세와 실리적인 외교 관계 등 다양한 목적으로 중국의 연호를 사용하는 경우가 많았다.[1] 그러면서 요나라 연호가 새겨진

---

[1] 전용훈, 「고려시대의 曆法과 曆書」 『한국중세사연구』 39, 한국중세사학회, 2014.
朴星來, 「高麗初의 曆과 年號」 『韓國學報』 10, 일지사, 1978.

많은 고려시대 문물이 확인되고 있다. 이는 당시 고려와 요나라와의 외교 관계와 교류의 정도를 파악하는데 유용한 자료라 할 수 있다.[2]

나주 서성문안 석등(1093년 7월)

간주석 연호
부분 탁본

2   안귀숙, 「고려 금속공예에 보이는 遼文化의 영향」, 『이화사학연구』제40집, 이화사학연구소, 2010.
    한정수, 「고려-송-거란 관계의 정립 및 변화에 따른 紀年의 양상」, 『한국사상사학』제41집, 한국사상사학회, 2012.
    한기문, 「高麗와 遼 文化交流의 樣相과 性格」, 『大丘史學』第115輯, 大丘史學會, 2014.

II. 遼나라 年號 사용 文物의 현황과 특징

契丹族은 鮮卑族의 한 갈래로 처음에는 내몽고 지역의 시라무렌(Sira Muren년)강 유역에서 유목생활을 하며 8개의 부족으로 나뉘어 살고 있었는데, 9세기 후반 당(618~907년)의 정치적 혼란을 틈타 점차 강성해졌다. 당이 907년 멸망한 이후 중국 중원 지역은 五代十國, 북방 지역은 契丹이 등장하여 패권을 다투었다. 그런데 북방 지역은 907년 迭剌部의 耶律阿保機가 거란의 여러 부족들을 통합하여 可汗이 되었다. 그리고 耶律阿保機는 916년 반대하는 귀족들을 진압한 뒤 契丹國을 세웠으며, 918년에는 上京臨潢府를 건설하여 도읍을 정했고, 920년에는 거란문자를 반포하여 국가로서의 위상을 다졌다. 또한 契丹은 처음에는 중국 북방의 내몽고 지역을 중심으로 활동했는데, 점차 세력을 확대해 926년 渤海를 멸망시키고 한반도와 접경하였으며, 947년에는 後晉을 멸망키시고 국호를 遼로 바꾸고, 명실상부한 동북아시아의 최강국이 되었다. 당시 요는 지리적으로 '東至于海 西至金山 暨于流沙 北至臚朐河 南至白溝 幅員萬里'라[3] 하여 동쪽으로 東海까지, 서쪽으로 阿爾泰山까지, 북쪽으로 克魯倫河까지, 남쪽으로는 지금의 河北과 山西의 북부까지 관할하였다. 이후에도 요는 안정된 정국 운영과 강력한 군사력을 바탕으로 지속적으로 영토를 넓혀 중원 지역까지 확대하였다. 한편 중국 중원 지역에서는 趙匡胤이 後周의 恭帝로부터 960년 선양을 받아 開封에 도읍하고 北宋을 건국하였다. 조광윤은 남은 10국을 정복하여 분열 상태의 중원을 재통일하려 했으나 뜻을 이루지 못했는데, 동생이었던 趙匡義가 황위를 계승한 후 중원 지역을 통일하여 명실상부한 북송을 이룩하였다.

이와 같이 동아시아에서 한반도는 高麗(918~1392년), 중국 북방 지역은 遼

---

3 『遼史』卷37, 志 第7, 地理志1(金渭顯 外, 『國譯 遼史』 단국대학교 출판부, 2012).

(916~1125년), 중원 지역은 北宋(960~1127년)이 각각 통일 국가를 이루어 대등한 관계 속에서 발전하였다. 이중에서 遼는 太祖 耶律阿保機부터 耶律延禧까지 9대에 걸쳐 220년간 중국 북방 지역을 중심으로 성장했으며, 중원 지역의 北宋과 대등한 위상을 유지했다. 당시 高麗와 遼, 高麗와 北宋, 遼와 北宋은 각각 당대의 정치 군사적인 상황에 따라 우호와 적대가 교차되는 긴장과 평화의 연속 관계였다.

그런데 고려가 후삼국과 주변국들의 전통을 이어 太祖代에 天授(918~933년), 光宗代에 光德(950~951년)과 峻豊(960~963년) 등 건국 초기에는 독자적인 年號를[4] 제정했는데, 점차 중국에서 제정한 연호를 그대로 사용하였다. 이에 따라 고려는 정치적인 역학관계나 외교관계의 실리에 따라 遼 또는 北宋의 연호를 번갈아 사용하였다. 이중에서 요의 연호는 고려전기 각종 유물에 폭넓게 사용되었는데, 그중에서도 고려시대 크게 발전한 불교미술품이 중심을 이루고 있다. 현재 요의 연호는 고려시대의 典籍과 記文, 佛塔과 佛像, 碑文과 墓誌, 金屬工藝品 등 재료와 유형을 초월하여 다양한 문물에서 확인되고 있다.

먼저 고려시대 典籍이나 記文 등에 요의 연호가 상당히 많이 사용되었을 것으로 추정되는데, 재질의 특성상 남아있는 사례는 많지 않은 실정이다. 먼저 安東 普光寺 木造觀音菩薩坐像은 신라 금관을 연상시키는 화려한 花形 寶冠을 쓰고 있으며, 섬세한 조각 기법 등으로 그동안 조성 시기가 상당히 올라갈 것으로 추정되어 왔다. 그런데 腹藏物을 조사하는 과정에서 많은 刊印本 陀羅尼와 저고리 등이 출토되었는데, 이중에 「一切如來心秘密身舍利寶篋印陀羅尼經」이 統和 25년(1007년)에 인쇄되었다는 기록이 발견되었다. 統和는 요나라 聖宗 때의 연호이다.

고려시대 편찬된 대표적인 역사서인『三國史記』와『三國遺事』에도 요의 연호가 많이 사용되었을 것으로 보이지만, 두 史書가 완성된 것이 요 멸망 이후이

---

4 高麗 仁宗代에는 天開(1135년)라는 연호가 제정되기도 했다.

고, 고려 이전의 역사 기록이기 때문에 요의 연호가 사용될 소지는 많지 않았다. 그래서인지 두 사서에서 요의 연호는 많이 보이지 않고 있다. 고려전기 金富軾에 의하여 편찬된 『三國史記』에는 崔致遠條에 유일하게 요 연호가 등장하고 있다. 고려 顯宗이 '太平二年癸亥二月'에 최치원의 諡號를 文昌侯로 추증하였다는 내용이다.[5] 이 기록은 연호와 干支가 어울리지 않지만 여러 정황으로 보아 1023년 2월에 현종은 최치원이 은밀히 고려 태조의 王業을 도운 공로가 있으므로 교서를 내려 內史令에 추증했고, 시호도 추증했다는 사실을 수록한 것으로 보인다. 고려는 1010년 요의 2차 침입으로 국교를 단절하고, 송의 연호를 사용했다. 그런데 1018년 요의 3차 침입으로 고려는 요와 국교를 재개하고, 1022년부터 다시 요의 연호를 사용했다. 따라서 『三國史記』에 전재된 요의 연호는 두 나라의 국교가 재개되었음을 시사하는 기록이라 할 수 있다. 이러한 사실은 「佛國寺无垢光淨塔重修記」에서도 확인되고 있다. 현재 「佛國寺无垢光淨塔重修記」에 의하면 太平2년 正月(顯宗 13, 1022년)부터 太平4년 正月까지 2년여 간 佛國寺 釋迦塔의 중수에 필요한 물자와 인력을 준비하였으며, 太平4년 2월 17일부터 석탑 해체가 시작되어 3월 14일 수리를 마치고 舍利를 봉안했다고 한다. 그리고 「佛國寺西石塔重修形止記」에 의하면 太平16년과 太平18년 두 차례의 지진으로 佛國寺와 西石塔(釋迦塔년)이 훼손되자 太平18년 1월 24일(靖宗 4, 1038년) 西石塔에 대한 해체를 시작하여, 동년 2월 5일 석탑을 재조립하기 시작하여, 2월 13일 사리를 봉안하였다고 한다.[6] 이와 같이 고려가 요와의 국교를 재개한 직후 고려에서 요나라 연호가 본격적으로 사용되었음을 알 수 있다.

그리고 고려 후기 편찬된 『三國遺事』의 塔像編에 요의 연호가 여러 번 나오

5 『三國史記』卷46, 列傳6, 崔致遠.
   '顯宗在位 爲致遠密贊祖業 功不可忘 下敎 贈內史令 至十四歲太平二年癸亥二月 贈諡 文昌侯'
6 노명호, 「『釋迦塔墨書紙片文書』의 연결 복원과 판독」, 『불국사 삼층석탑 묵서지편』, 불교문화재연구소, 2009, pp. 27~47. ; 佛敎中央博物館·佛國寺, 『불국사 석가탑 사리장엄구』, 2010, pp. 100~101.

는데, 먼저 前後所將舍利條에 皇龍寺塔이 應曆三年癸丑(953년)에 세 번째로 불
탔으며,[7] 大安二년(1086년) 宣宗 때에 祐世僧通 義天이 송나라에 들어가 天台敎
觀을 많이 가지고 왔다고 한다.[8] 天龍寺條에는 重熙九年六月(1040년 6월) 留守
官이 公文을 받아 도량의 여러 중들에게 알릴 내용에 서명한 기록이며,[9] 伯嚴寺
石塔舍利條에는 咸雍元年十一月(1065년 11월) 伯嚴寺 주지 得奧微定大師가 절
에서 지켜야 할 규칙 10조를 정하고, 5층 석탑을 세워 眞身佛舍利 42粒을 봉안
했다고 한다.[10] 이외에도 駕洛國記條의 서두에 大康 연간에 金官知州事인 文人
이 찬한 것으로 그것의 대략을 여기에 기록한다고 하여 요나라 연호인 大康이
나온다.[11] 이와 같이 『三國遺事』에는 요나라 穆宗 때의 應曆(951년 9~969년 2월),
興宗 때의 重熙(1032년 11~1055년 8월), 道宗 때의 咸雍(1065~1074년) · 大康
(1075~1084년) · 大安(1085~1094년) 등 총 5개의 요 연호가 나온다. 당시 고려와
요가 우호적인 관계를 유지했음을 알 수 있다. 그런데 고려가 요나라 연호를 본
격적으로 사용하기 시작한 시기는 993년 요의 1차 침입 이후부터였으며, 그 이
전에는 독자적인 연호나 五代의 연호를 사용하였다. 또한 고려가 960년 건국된
송의 연호를 본격적으로 사용한 시기도 963년 이후였다. 고려가 953년을 전후
한 시기에는 遼나 宋의 연호가 아닌 後周의 연호를 사용했던 시기였다. 이러한
것으로 보아 953년 皇龍寺塔이 불탄 사실을 기록할 때 사용된 遼의 연호 應曆
은 高麗와 遼가 우호적일 때 새롭게 기록된 내용으로 보이며, 이 내용이 고려후

---

7 『三國遺事』卷3, 塔像4, 前後所將舍利.
   '至今猶然 卽大遼應曆三年癸丑歲也'

8 『三國遺事』卷3, 塔像4, 前後所將舍利.
   '一本今在定惠寺(海印寺有一本 許參政宅有本) 大安二年 本朝宣宗代 祐世僧統義天人
   宋'

9 『三國遺事』卷3, 塔像4, 天龍寺.
   '重熙九年六月日 具如前署 按重熙乃契丹興宗年號 本朝靖宗七年庚辰歲也'

10 『三國遺事』卷3, 塔像4, 伯嚴寺石塔舍利.
   '自南原白嵒藪 來入當院 如法住持 又咸雍元年十一月'

11 『三國遺事』卷2, 紀異2, 駕洛國記.
   '文廟朝大康年間 金官知州事文人所撰也 今略而載之'

기『三國遺事』편찬 당시에 이전의 사료를 여과없이 인용하는 과정에서 그대로 전재된 것으로 추정된다.

또한 일본 高野山에 소장되어 있는『釋摩訶衍論』의 고려시대 章疏들 중 法悟의「贊玄疏」(5卷)는 '壽昌五年己卯高麗國大興王寺奉宣雕造', 志福의「通玄鈔」는 '壽昌五年己卯歲高麗國大興王寺奉宣雕造'라고 하여[12] 壽昌(1095~1101년)이라는 요나라 道宗 때의 연호가 사용되었음을 알 수 있다. 密陽 小台里 五層石塔은 1919년 상륜부에서 백지에 墨書된「堂塔造成記」가 발견되었는데,[13] 記文의 제목이 '乾統二十九年三月九日記'이다. 이러한 것으로 보아 乾統29년(1109년)에 석탑을 건립하고 그 사실을 기록했음을 알 수 있다.

  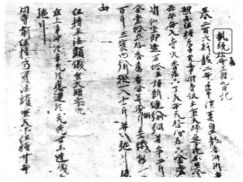

『三國遺事』　　　　「佛國寺无垢光淨塔重修記」[14]　　　　密陽 小台里 五層石塔「堂塔造成記」

고려시대는 불교 국가답게 건국 직후부터 전국에 걸쳐 많은 사찰이 창건되면서 다량의 불탑이 건립되었다. 이중에는 표면에 명문이 새겨지거나 塔誌가 출토되어 편년을 전해주는 경우도 있는데, 그중에 요나라 연호를 사용하여 건립 시기를 알 수 있는 불탑이 있다.

12　　김영미,「高麗와 遼의 불교 교류」,『한국사상사학』33, 한국사상사학회, 2009, p. 13.

13　　李弘稙,「高麗堂塔造成緣由記」,『考古美術』通卷 第47·48號, 考古美術同人會, 1964, p. 525.

14　　佛敎中央博物館·佛國寺,『불국사 석가탑 사리장엄구』, 2010, p. 103.

현재 요 연호가 사용된 가장 이른 시기의 불탑은 1974년 安城 長命寺址에서 靑銅製舍利函과 함께 출토된 塔誌이다. 塔誌에 '統和十五年○○四月二十七日'이라고 하여, 統和15년(997년) 4월 나라의 태평과 백성들의 평안을 위하여 長命寺에 5層石塔을 건립했다고 한다.[15] 그런데 이보다 먼저 건립된 편년 석탑들은 宋의 연호를 사용하였다. 예를 들어 987년 2월에 건립된 아산 오봉사 삼층석탑은[16] 雍熙(984~987년), 991년 2월 건립된 서천 지현리 석탑과 993년 1월 건립된 안성 매산리 오층석탑은 淳化(990~994년)라는 宋 太宗代의 연호를 사용하였다. 安城 長命寺址 石塔이 요의 연호를 사용한 것은 993년 8월 요나라의 1차 침입으로 994년부터 요 연호를 사용하기로 한 협상 결과임을 알 수 있다. 영암 성풍사지 오층석탑은 1986년 해체 복원되었는데, 1층 탑신 상면의 방형 사리공에서 塔誌石이 출토되었다. 탑지석의 말미에 '統和二十七年己酉六月日記'라고 하여 穆宗 12년인 1009년 6월에 靈巖縣의 戶長 朴文英이 조정의 안녕을 기원하기 위하여 석탑을 건립했다고 한다.[17] 예천 개심사지 오층석탑은 상대갑석 하부에 명문이 새겨져 있는데,[18] 統和27年 庚戌년(1010년) 2월 1일 開心寺에 頂骨이 도착하여, 3월 3일부터 光軍 등이 동원되어 채석이 이루어졌으며, 1011년 4월 8일 완공되었다고 한다. 동국대학교 박물관에 統和 正德銘 塔誌 2石이 소장되어 있는데, 이중 1石에는 '維統和二十三年歲次乙巳五月二十日', 다른 1石에도 '統和二十三年歲次乙巳之年始造'라고 하여[19] 1005년에 석탑이 초건되었음을 전해주고 있다.

그리고 姜邯贊(948~1031년)은 1018년 12월 요가 3차 침입하자 이를 물리치

15 黃壽永, 「高麗石塔의 研究 -在銘作品을 中心으로-」, 『考古美術』 175·176, 韓國美術史學會, 1987.

16 정은우·김지현, 「아산 오봉사 삼층석탑과 명문 분석」, 『美術史學研究』 제273호, 2012.

17 成春慶, 「靈巖 聖風寺址 五層石塔」, 『전남 불교미술 연구』, 학연문화사, 1999.

18 許興植, 『韓國金石全文』 中世 上, 亞細亞文化社, 1984.

19 황수영, 「統和와 正德銘의 塔誌石」, 『考古美術』 제9권 제8호, 고고미술동인회, 1968.

고 나라의 안녕을 기원하기 위하여[20] 1021년 5월 興國寺에 석탑을 세우고, 기단부 면석부에 '天禧五年五月日'이라고 하여 송나라 연호를 사용하였다.[21] 또한 1021년 11월 건립된 高興 上林里 三層石塔도 기단부 면석부에 '天禧五年辛酉十一月'이라고 하였으며,[22] 기록으로만 전하는 元堂寺 石塔도 天禧5년에 건립되었다고 한다.[23] 이와 같이 고려와 요가 1019년 평화적인 외교 관계를 수립하고 국교를 재개한 후임에도 불구하고 여전히 송나라 연호인 天禧가 사용되었음을 알 수 있다. 한편 제천 사자빈신사지 사사자 구층석탑은 하층기단 면석에 명문이 음각되어 있는데, 명문이 太平 2년 4월 기록되었다고 한 것으로 보아, 이 석탑이 1022년 4월에 완공된 것으로 추정된다.

이러한 것으로 보아 고려는 1013년 요와의 국교가 단절된 이후부터는 송의 연호를 사용했으며, 1018년 12월 요의 3차 침입 이후, 1019년 요와 국교가 재개되었지만 여전히 송의 연호가 사용되었음을 알 수 있다. 그리고 1022년에 가서야 요의 연호가 본격적으로 사용되었음을 알 수 있다. 이는 고려가 정부차원에서 연호의 사용을 엄격하게 관리하고 있었음을 시사한다.

그리고 칠곡 淨兜寺址 오층석탑은 상층기단 면석부에 명문이 새겨져 있는데, 나라가 항상 태평하고, 전쟁이 영원히 없고, 모든 곡식이 풍성하기를 기원하며, 太平11년 辛未년(1031년) 정월에 석탑을 건립했다고 한다. 인제 갑둔리 오층석탑은 기단부 면석부에 4행으로 34자의 명문이 새겨져 있는데,[24] 太平16년 丙子년(1036년) 8월에 건립되었다고 한다. 이와 같이 고려시대 석탑에서는 요나라 연호를 사용하여 시기를 표기한 경우가 많았는데, 그 사용은 고려와 요, 고려와 송의 관계에 따라 유동적이었음을 알 수 있다.

---

20 中吉 功, 『新羅 高麗の佛像』 東京美術, 1971.

21 黃壽永 編, 『韓國金石遺文』 一志社, 1994.

22 순천대학교 문화유산연구소, 『고흥의 금석문』 2014.

23 『梵宇攷』 京畿道, 安山.
    '元堂寺 (續년)寺有一石塔刻誌有天禧五年辛酉字天禧卽宋眞宗時也明是古刹'

24 강원대학교 박물관, 『整備 補修를 위한 麟蹄 甲屯里一帶 石塔 調査報告書』 1996.

安城 長命寺址 出土 塔誌
(국립중앙박물관)

靈巖 聖風寺址 五層石塔
塔誌石 탁본[25]

堤川 獅子頻迅寺址 四獅子
九層石塔 명문 탁본

醴泉 開心寺址
五層石塔의
상대갑석 하부

麟蹄 甲屯里 五層石塔
명문 탁본

統和 正德銘 塔誌
(동국대학교 박물관)[26]

    고려시대 불상에서도 요나라 연호가 확인되고 있다. 먼저 天安 晩日寺의 金
銅菩薩立像 후면에는 '聖居山天聖寺 統和二十年庚戌'이라는 명문이 새겨져 있
어, 이 불상이 統和20년(1002년)에 조성되었음을 전해주고 있다. 慶州 南山 茸
長寺址 磨崖佛의 頭光 오른쪽 바위 면에서 '太平二年八月○○阿(尉)○佛成奉爲
時'라는 명문이 확인되었다.[27] 이 명문이 마애불 造成 당시에 새겨진 것인지, 후
대에 追刻된 것인지는 알 수 없지만 顯宗13년인 1022년 8월에 茸長寺에 佛事가
있었음을 전해주고 있다. 그리고 서울 북한산 僧伽寺 石造大師像의 광배 후면

25   성춘경, 『전남 불교미술 연구』, 학연문화사, 1999, p.200.

26   동국대학교 박물관, 『동국대학교 건학100주년기념 소장품도록』, 2006.

27   黃壽永 編, 『韓國金石遺文』, 一志社, 1994, p.540.

에도 명문이 새겨져 있는데, 첫머리에 '太平四年甲子年'으로 시작하고 있어 대사상이 1024년에 조성되었음을 전해준다. 또한 居昌 迦葉庵址 磨崖如來三尊立像은 대형 암벽에 새겨진 마애불로 전체적인 양식과 조각 기법이 다소 도식화된 인상을 주고는 있지만 명문이 남아있어 중요한 편년 기준 자료가 되고 있다. 현재 마애불의 향우측면에 사각형으로 구획된 공간에 명문이 새겨졌는데, 어머니의 極樂往生을 염원하기 위하여 조성하였으며, '千慶元年十月'이라는 문구가 있어 이 마애불의 대략적인 조성 시기를 시사해 주고 있다. 여기서 '千慶'은 요 연호인 '天慶'을 잘못 각자한 것으로 보이며, 이 마애불은 天慶원년(1111년) 10월경에 조성된 것으로 추정된다.

天安 晩日寺 金銅菩薩立像　　　서울 僧伽寺 石造大師像　　　迦葉庵址 磨崖如來三尊立像

고려시대의 석비와 墓誌에는 주인공의 행적이나 건립 시기 등을 연호와 간지를 순서대로 사용하여 기록했기 때문에 다른 유물에 비하여 여러 연호가 표기되었다. 특히 고려전기 碑文과 墓誌銘에는 당시 고려와 주변국과의 정치적인 역학관계에 따라 연호가 선택 사용되었음을 보여주고 있다. 먼저 玄化寺碑는 碑銘이 '有宋高麗國靈鷲山新創大慈恩玄化寺碑銘幷序'로 당시 고려가 송을 우선시했음을 알 수 있다. 그리고 碑文에 고려 성종 말년인 993년 겨울에 못된

契丹이 이유없이 침공하였다고 표현하였으며, 孝肅仁惠王太后가 淳化4년(993년) 늦봄에 갑자기 병이 들어 3월 19일 寶華宮에서 돌아가셨고, 安宗大王도 병으로 統和14년(996년) 7월 초7일에 운명하시어 장사지냈다고 한다. 이 기록은 당시 거란에 대한 비우호적 인식과 함께 이전에는 宋의 연호를 사용했는데, 거란의 1차 침입으로 요 연호가 사용되기 시작했음을 보여준다. 이후 顯宗은 안종대왕의 무덤이 너무 멀어 제사를 올리기 어려워 天禧원년(1017년) 4월에 건릉으로 옮겨 장사지내게 하고, 가까운 곳에 玄化寺를 창건하도록 했다. 그리고 현화사가 완성되자 天禧5년(1021년) 辛酉年 7월에 석비를 세웠으며, 陰記는 太平2년(1022년) 壬戌年 10월에 새겼다고 한다. 이와 같이 비문 후반부에도 宋과 遼의 연호가 함께 표기되고 있다. 현화사비는 993년부터 1022년까지 약 30년간의 역사를 기록했는데, 高麗가 시기마다 遼 또는 宋과의 외교관계가 달랐으며, 당해 연도의 정치적인 역학관계에 따라 遼 또는 宋의 연호가 사용되었음을 극명하게 보여주고 있다.

그리고 합천 영암사에 건립된 寂然國師 慈光塔碑는 남아있지 않지만 탁본이 전하고 있는데, 碑銘이 '大宋高麗國加壽縣靈巖寺'으로 시작하고 있으며, 乾德6년(968년) 3월 중국 유학길에 올랐다가 開寶5년(972년) 귀국하였다고 한다. 그리고 成宗이 端拱원년(988년) 5월 磨衲袈裟를 하사하였으며, 穆宗이 統和15년(997년)에 禪師로 봉했고, 統和29년(1011년)에는 顯宗에게 청하여 靈巖寺로 하산하여, 開泰3년(1014년) 6월 2일 입적하였다고 한다. 塔碑는 太平3년(1023년) 4월 8일에 건립되었다고 하여, 玄化寺碑와 마찬가지로 遼 또는 宋과의 정치적인 외교관계에 따라 연호가 사용되었음을 시사해주고 있다. 또한 居頓寺 圓空國師 勝妙塔碑는 1025년 7월 27일 건립되었는데, 이전에 건립된 비문에서 일반적으로 사용되었던 '大宋'이 비명의 첫머리에서 빠지고 '高麗國原州賢溪山居頓寺'로 시작하고 있다. 그리고 비문에 원공국사의 행적을 연대기적으로 나열하였는데, 開寶3년(946년) 靈通寺 官壇에서 具足戒를 받았으며, 廣順3년(953년) 曦陽山 鳳巖寺의 超禪師를 찾아갔으며, 顯德(954~959년) 初年에는 광종이 왕위에 올라 불교를 숭상하였으며, 峻豊2년(961년) 國淸寺에서 淨光大師를 친견하였으며, 峻豊3년(962년) 중국에서 귀국하여 大師라는 法階를 받았다고 한다. 또한 그는 開寶 원년(968년)에는 법화경 등을 강설했으며, 淳化年間(990~994년)에 景宗이 磨衲蔭脊을 하사하였으며, 開泰2년(1013년) 顯宗의 청으로 왕성으로 갔으며, 天禧2년(1018년) 4월 현종에게 하직인사를 하고 하산하였으며, '太平紀曆歲在旃蒙赤奮若'이라고 하여 太平 乙丑년(1025년)에 崔冲이 찬한 탑비가 건립되었다고 한다. 이와 같이 圓空國師의 勝妙塔碑는 後周, 高麗, 宋, 遼 등의 연호가 해당 시기의 정치적인 역학 관계에 따라 사용되었음을 알 수 있다. 특히 다른 비문에서는 보기 드물게 光宗代 高麗가 제정한 峻豊이라는 연호를 2번이나 표기하여 주목된다.

安城 七長寺 慧炤國師碑는 1060년 건립되었는데, 碑文에 統和14년(996년) 彌勒寺의 五敎大選에 나갔으며, 太平 癸酉歲(1033년)에 왕이 수시로 문안편지를 보냈고, 重熙 甲辰歲(1044년)에는 廣濟寺에서 無遮飯食을 거행하였다고 한다. 그리고 비문 말미에 '淸寧□□歲在上章龍集困敦'이라고 하여 庚子년(1060년)에 석비가 건립되었다고 기록하였다. 그런데 七長寺 慧炤國師碑文에서 특이한 점은 고려가 1032년부터 1035년까지 契丹城 축성과 억류 사신 문제로 일시적으로 요와 국교가 단절된 시기였는데, 1033년 太平이라는 遼 연호가 사용되었음을 알 수 있다. 原州 法泉寺 智光國師 玄妙塔碑는 1085년 8월 건립되었는데, 碑銘은 '高麗國原州法泉寺'로 시작하고 있다. 碑文에 統和17년(999년) 4월 龍興寺 官壇에서 具足戒를 받았고, 統和28년(1010년) 法皐寺로 돌아갔으며, 大中祥符10년(1017년) '明了頓悟'라는 法號를 받았고, 天禧5년(1021년) 重興寺에서 여름 결제 중에 講經法會를 개최하였다고 한다. 그리고 太平年間에 重大師 法階를 받았으며, 太平10년(1030년) 현종의 명으로 海安寺에 주석하였고, 重熙年間에 '通濟淵奧法棟'이라는 법호를 더하였으며, 重熙23년(1054년) 8월 현화사로 옮겨 주석하였고, 淸寧2년(1056년) 1월에 국왕이 國書를 보내 초청하였으며, 淸寧3년(1057년)에는 '融炤'라는 法稱을 進呈하였고, 咸雍3년(1067년) 2월 하산할 것을 청하였으며, 9월 27일 하산소인 法泉寺로 출발하였다고 한다. 그리고 玄妙塔碑는 陰記에 大安원년(1085년) 乙丑年 8월에 세웠다고 기록되었다.

고려는 1010년 11월 요나라의 2차 침입으로 국교가 단절된 1013년부터 1022년 다시 요나라 연호를 사용하기까지 10여년간 송나라 연호를 사용하였으며, 1022년부터는 요나라와 일시적으로 국교가 단절된 시기를 제외하고는 지속적으로 요나라 연호를 사용하는데, 玄妙塔碑文는 智光國師 海麟(984~1070년)의 행적을 연대기적으로 기록하면서 시기별 연호의 사용이 분명하게 반영된 대표적인 사례이다. 이와 같이 玄妙塔碑는 당대의 역학적인 국제관계에 따라 宋 年號인 大中祥符-天禧, 遼 年號인 統和-太平-重熙-淸寧-咸雍-大安 등을 잘 반영하였다.

원주 法泉寺 智光國師 玄妙塔 年號 부분(탁본)

陰記	本文(←)								
大安 元年 (1085년)	咸雍 3년 (1067년)	淸寧 2년 (1056년)	重熙 23년 (1054년)	重熙 年中 (1032~ 1055년)	太平 年中 (1021~ 1031년)	天禧 5년 (1021년)	大中祥符 10년 (1017년)	統和 年中 (983~ 1012년)	統和 17년 (999년)
遼						宋		遼	

金堤 金山寺 慧德王師 眞應塔碑는 1111년 4월 건립되었는데, 碑銘은 '高麗國全州大瑜伽業金山寺'로 시작하고 있으며, 韶顯(1038년 7월~1096년)은 壽昌 2년 12월 18일 金山寺 奉天院에서 經을 읽다가 입적하였으며, 탑비는 天慶원년(1111년) 辛卯年 4월에 건립되었다고 한다. 眞應塔碑는 太平-淸寧-咸雍-大安-大(太)康-壽昌 등 모두 요나라 연호만 사용되었다. 이와 같이 眞應塔碑는 주인공인 韶顯이 고려가 요나라와 별다른 굴절 없이 우호적일 때 생존하였으며, 탑

비도 그러한 시기에 건립되었기 때문에 처음부터 끝까지 요나라 연호만 사용되었음을 알 수 있다.

고려시대 墓誌銘에도 주인공의 살아생전 중요 행적을 연대기에 따라 기술하였으며, 제작 시기 등을 기록할 때 요나라의 여러 연호가 사용되었다. 蔡仁範(934~998년)은 宋나라 泉州 출신으로 고려에 귀화했는데, 統和16년(998년)에 65세로 사망하였으며, 太平4년(1024년) 11월 12일 예법에 따라 法雲山 동쪽 기슭으로 개장하면서 묘지명을[28] 만들었다고 한다. 이처럼 蔡仁範은 송나라 출신임에도 불구하고 統和와 太平이라는 요나라 연호를 사용하여 사망 시기와 묘지명의 제작 시기를 표기하였다. 崔士威(961~1041년)는 重熙10년(1041년) 3월 4일 81세로 사망하였으며, 그의 묘지명은 咸雍11년(1075년) 11월 상순에 제작되었다고 한다. 그리고 柳邦憲(944~1009년)의 묘지명(1051년)에는 統和13년(995년), 劉志誠(972~1039년)의 묘지명(1045년)에는 重熙8년(1039년), 李隴西公 묘지명(1059년)에는 清寧5년(1059년) 등 요나라 연호가 등장하고 있다. 李子淵(1003~1061년)의 묘지명(1061)에는 重熙年間(1032~1055년)에 社稷을 건립하려던 일이 아직도 미루어지고 있어 조서를 내려 옛 제도를 살펴서 새로이 壇을 쌓게 하였다고 한다. 李頲 묘지명에는 大康3년(1077년)에 제작되었으며, 鄭穆 묘지명(1105년)은[29] 살아생전의 행적을 연대기적으로 나열하면서 咸雍-大康-大安-壽昌-乾統 등 여러 개의 연호를 사용하였다. 鄭僅의 처인 金氏 묘지명은 乾統10년(1110년)에 만들어졌으며, 尹彦榮의 부인 柳氏 묘지명은 天慶7년(1117년)에 제작되었다고 한다. 또한 任懿 묘지명은 1117年 제작되었는데 咸雍-壽昌-乾統-天慶 등의 연호가 사용되었고, 崔繼芳(1045~1116년)의 묘지명(1117년)에는 重熙-壽昌-天慶, 柳昶雲의 묘지명(1120년)에는 太平-重熙, 劉載 묘지명(1119

---

28 蔡仁範 墓誌銘은 1024년(顯宗15년) 만들어졌으며, 현재 國立中央博物館에 소장되어 있다.

29 金龍善,「新資料 高麗 墓誌銘 十七點」,『歷史學報』第117輯, 歷史學會, 1988, pp.140~142.

년)에는 大安5년(1089년), 朴景仁 묘지명(1122년)에는 淸寧3년(1057년) 등 여러 개의 요나라 연호가 등장하고 있다. 그리고 李公壽 묘지명(1138년)에는 大安- 乾統-天慶, 元沆 묘지명(1149년)에는 大康, 乾統末·尹彦頤 묘지명(1150년)에는 乾統, 尹誧 묘지명(1154년)에는 大康-大安-壽昌-乾統-天慶, 李軾 묘지명(1156 년)에는 大安과 天慶, 張脩 묘지명(1156년)에는 壽昌, 梁元俊 묘지명(1158년)에 는 乾統, 王冲 묘지명(1159년)에는 天慶, 石受珉 묘지명(1160년)에는 乾統, 王侟 묘지명(1161년)에는 乾統-天慶, 金永錫 묘지명(1167년)에는 乾統 年間에 祖蔭으 로 처음 良醞丞同正이 되었다고 하여, 요나라가 멸망한 이후에 제작된 묘지명 이지만, 그 주인공의 생존 시기에 요나라가 존속했을 경우에는 요나라의 연호 가 사용되었음을 알 수 있다.

고려시대 승려들의 묘지명에서도 탑비와 마찬가지로 여러 개의 遼나라 연 호가 확인되고 있다. 景德國師 爛圓의 묘지명(1072년)에는 咸雍2년(1066년)이라 는 요나라 연호가 사용되었다. 그런데 大覺國師 義天의 묘지명(1101년)은 요나 라가 멸망하기 이전에 제작되었지만 元豊이라는 송의 연호가 사용되었으며, 말 미에는 '是歲大宋建中靖國元年大遼乾統元年十一月四日刻石'이라고 하여 1101년 이라는 연도를 宋과 遼의 연호를 동시에 사용하여 기록한 특이한 사례이다. 景 廉 묘지명(1102년)에는 乾統2년(1102년), 昶雲 묘지명(1120년)에는 太平과 乾統4 년(1104년), 圓明國師 澄儼 묘지명(1141년)에는 壽昌-乾統-天慶이라는 遼나라 연 호와 함께 紹興이라는 南宋의 연호도 사용되었다. 妙應大禪師 敎雄 묘지명(1142 년)에는 주인공이 大安5년(1089년)에 佛日寺에서 계를 받았으며, 乾統원년(1101 년)에 천태종의 大選을 처음으로 시행한 사실을 기록하였으며, 圓明國師가 天慶 5년(1115년)에 敎雄의 덕행이 당세에 모범이 될 만하다고 하면서 그를 황제의 측근으로 천거했다고 한다. 圓證僧統 德謙 묘지명(1150년)에는 乾統3년(1103년), 之印 묘지명(1158년)에는 乾統2년(1102년)처럼 요나라 멸망 이후에 제작된 묘지 명이지만 요나라가 존속했던 시기의 행적은 요나라 연호를 사용하였다. 觀奧 묘지명(1158년)은 행적의 전반부는 乾統-天慶이라는 요나라 연호가 사용되었지 만 후반부로 가면서 金의 연호가 더 많이 사용되었다. 그리고 靈炤 묘지명(1188

년)에서도 天慶이라는 요나라 연호가 확인되고 있다.

이와 같이 고려시대 승려나 권력층들의 살아생전 行蹟을 기록한 비문이나 묘지명에서 시기와 행적 등에 따라 다양한 요나라 연호가 사용되었음이 확인되고 있다. 그래서 비문과 묘지명에 사용된 연호는 당시 고려와 주변국과의 정치적인 역학관계를 가장 잘 보여주는 자료라 할 수 있다. 그리고 高麗前期 碑文이나 묘지명 撰者는 주인공의 행적을 연대기에 따라 기록했는데, 碑文이나 墓誌가 찬해지거나 제작된 시기의 정치적인 역학 관계에 따라 遼나 宋의 연호를 사용하기 보다는 주인공의 행적이 있었던 시기의 외교관계에 따라 遼 또는 宋의 연호가 정확하게 사용되었음을 알 수 있다. 이러한 사실은 고려전기 연호의 사용이 당대의 정치적인 역학 관계에 따라 중앙정부 차원에서 일률적이고 조직적으로 시행되었으며, 연호의 시행과 사용도 상당히 엄격하게 관리되었음을 알려준다. 이러한 점은 오늘날 못지않은 행정시스템과 통신 수단이 발달해 있었음을 시사해 준다.

그런데 고려는 1116년 공식적으로 요나라 연호의 사용을 중지했지만 실질적으로는 요가 쇠퇴하고 宋과 金이 중국 대륙의 새로운 강자로 등장하면서부터 요나라의 연호를 사용하지 않는 경우가 많았다. 고려가 요나라 연호를 구체적으로 언제부터 등한시했는지는 파악할 수 없지만 탑비 주인공의 살아생전 활동 양상과 撰者의 성향, 당대의 외교관계 등에 따라 달랐던 것으로 보인다. 다만 여러 碑文을 참고할 때 대략적으로 11세기 후반경부터 그러한 경향이 나타나기 시작한 것으로 추정된다.

玄化寺碑(1021년)　　　　靈巖寺 寂然國師 慈光塔碑(1023년)[30]　　　法泉寺 智光國師 玄妙塔碑(1085년)

　　고려시대 금속 공예품의 표면에 명문이 새겨져 있는 경우가 많은데, 대부분 발원자와 조성 배경을 비롯하여 연호와 간지 등을 표기하여 조성 시기를 전해 주고 있다. 현재 요나라 연호는 梵鍾, 金鼓, 香垸, 鉢盂, 접시, 기와 등에서 확인되고 있다. 국립중앙박물관에 소장되어 있는 天興寺 동종은 규모가 큰 고려전기의 대표적인 동종인데, 鍾身에 位牌形 題額을 마련하여 그 안에 '聖居山天興寺 鍾銘 統和二十八年庚戌二月日'이라고 새겼다. 따라서 이 동종이 統和28년(1010년) 2월에 조성되었음을 알 수 있다. 그리고 일본에도 요나라 연호가 사용된 여러 점의 고려 동종이 전해지고 있는데, 佐賀 唐津市에 太平6年銘(1026년)이 새겨진 惠日寺 동종과 勝樂寺 동종이 있다. 惠日寺 동종은 명문 첫머리에 '太平六年丙寅九月日河'라고 새겨져 있으며, 勝樂寺 동종은 현재 소재를 알 수 없지만 惠日寺 동종과 같은 명문의 탁본이 남아있다.[31] 이와 같이 두 동종은 동일한 명문이 새겨져 있어 한 동종이 위작일 것이라는 논란도 있지만 요나라 연

30　서울대학교 중앙도서관 소장 「慈光塔碑拓本帖」 4.
31　廉永夏, 『韓國의 鐘』, 서울대학교 출판부, 1994, pp. 191~193.

호를 사용했다는 점은 분명하다. 또한 大阪市의 鶴滿寺 동종은 '太平十年十二月日'이라고 새겨져 있어 顯宗21년(1030년) 12월에 조성되었으며, 滋賀 大津市의 三井寺(園城寺년)에 소장되어 있는 고려 동종은 '太平十二年壬申十二月靑鳧大寺'라고 새겨져 있어 德宗원년(1032년) 12월에 조성된 靑鳧大寺 동종임을 알 수 있다.[32] 또한 여주 출토 淸寧4年銘 동종은 1967년 경기도 여주에서 고철 수집 때 발견된 것으로 下帶와 접한 사각형 구획 안에 '淸寧四年戊戌五月日記'라고 명문이 새겨져 있어 1058년 5월에 조성되었음을 알 수 있다.[33] 日本 福岡市의 承天寺 동종은 명문 첫머리에 '維淸寧十一年乙巳三月日 戒持寺金鐘鑄成人'이라고 새겨져 있어, 高麗 戒持寺에서 文宗 19년(1065년) 3월에 조성되었음을 알 수 있다.[34]

전남 여수에서 출토된 長生寺 金鍾은 '太安二年十二月日'이라고 음각되어 있는데, 宣宗3년(1086년) 12월임을 알 수 있다. 현재 日本 東京國立博物館에 소장되어 있는 觀世音寺 동종은 명문 말미에 '乾統七年丁亥二月十九日'이라고 새겨져 있어, 睿宗2년(1107년) 2월 19일에 조성되었다고 정확한 일자까지 전해주고 있다.[35] 이외에도 현재 소재를 알 수 없는 日本 仙岳寺 동종은 '咸雍二年七月日'이라고 새겨져 있어, 1066년 7월에 조성되었음을 알려주고 있다. 이와 같이 고려 동종에서는 統和, 太平, 淸寧, 乾統, 咸雍 등의 여러 요나라 연호가 확인되고 있다.

32 大和文華館, 『特別展 建國1100年 高麗 -金屬工藝の輝きと信仰-』, 2018, p.128.

33 黃壽永, 「高麗梵鍾의 新例(其十년) -淸寧四年銘 동종-」 『考古美術』 第8卷 第7號, 考古美術同人會, 1967, pp.315~316.

34 崔應天, 「日本所在の韓國梵鍾」, 奈良國立博物館, 1993.

35 坪井良平, 『朝鮮鐘』, 角川書店, 1974, pp.98~100.

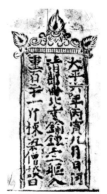

天興寺 銅鍾(1010년)　日本 소재 惠日寺
銅鍾(1026년)

驪州 出土 銅鍾
(1058년)

日本 소재 觀世音寺 銅鍾
(1107년)

　　그리고 고려시대 金鼓에서도 요나라 연호가 확인되는데, 瓊巖寺 금고는 명
문 첫머리에 '咸雍九年癸丑十月日'이라고 새겨져 있어 文宗27년(1073년) 10월
에 제작되었음을 알 수 있다. 현재 일본에 있는 法海寺 금고에는 '大康十年甲子
四月日造'라고 하여 宣宗원년(1084년) 4월에 만들어졌으며, 동아대학교 박물관
에 소장되어 있는 黃利縣銘 청동금고에는 '大安元年乙丑七月 日'이라고 하여
1085년 7월에 제작되었음을 알 수 있다.[36] 또한 梁山 內院寺의 金仁寺 금고에는

36　동아대학교 석당박물관, 『동아의 국보 보물』, 2014, pp. 156~162.

'大安七年辛未五月日'(1091년 5월)이라고 새겨져 있으며,[37] 서울 三角山 重興寺 금고에는 '乾統三年癸未二月 日造'라고 하여 肅宗8년(1103년) 2월에 만들어졌고, 慶山에서 출토된 것으로 전하는 重林寺 금고에도 '乾統九年己丑十二月 日'이라고 새겨져 있어 睿宗4년(1109년) 12월에 제작되었음을 전해주고 있다.

또한 대표적인 공양구라 할 수 있는 香爐의 명문에서도 요나라 연호가 확인되고 있다. 국립중앙박물관에 소장되어 있는 青銅手香爐에 명문이 새겨져 있는데, '大康三年丁巳六月日'로 文宗31년(1077년) 6월에 제작되었음을 알 수 있다. 安城 奉業寺址에서 출토된 것으로 전하는 향로에도 '大康七年辛酉正月 日 奉業寺○○安小持 父母長命'이라고 명문이 새겨져 있어, 文宗35년(1081년) 정월에 부모님의 장수를 기원하기 위하여 만들었음을 알 수 있다. 그리고 清州 思惱寺址에서 출토된 青銅 鉢盂에는 '統和十五年丁酉四月日'이라고 새겨져 있으며,[38] 접시의 명문에는 '太平15年'이라고 하여,[39] 鉢盂는 997년 4월, 접시는 1035년에 제작되었음을 알 수 있다. 또한 雲門寺 銅壺는 '咸雍三年六月 日改造'라고 새겨져 있어, 文宗21년(1067년) 6월에 새롭게 제작되었음을 알려준다. 그리고 동국대학교 박물관에 소장되어 있는 3점의 바라에는 '大安三年歲次丁卯七月 日造廣州牧官春秋般若道場鈸者'라고 새겨져 있어, 宣宗4년(1087년) 7월에 제작되었음을 전해주고 있다. 한편 지금은 남아있지 않지만 『大東金石書』에 의하면 法住寺鐵幢竿에도 銘文이 새겨져 있었는데, '統和二十四年歲次丙午正月'이라고 하여 원래의 철제 당간이 穆宗9년(1006년) 정월에 제작되었다고 전해주고 있다.[40]

---

37   鄭永鎬,「在銘高麗 鈑子의 新例」,『考古美術』第3卷 第1號, 考古美術同人會, 1962, p.197.

38   신명희,「청주 사뇌사 금속공예품 명문 재검토」,『청주 思惱寺 金屬工藝 Ⅱ』, 국립청주박물관, 2014, pp.224~255.

39   최응천,「思惱寺 유물의 성격과 의의」,『청주 思惱寺 金屬工藝 Ⅰ』, 국립청주박물관, 2014, pp.50~67.

40   엄기표,『한국의 당간과 당간지주』, 학연문화사, 2007, pp.443~447.

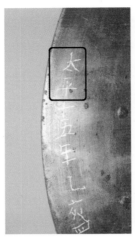

法住寺 鐵幢竿記 　　　清州 思惱寺址 出土 접시 　　　黃利縣銘 靑銅 金鼓
(1006년)[41] 　　　　　　(1035년)[42] 　　　　　　　　(1085년)[43]

　　기와에서도 요나라 연호가 많이 확인되고 있는데, 현재 가장 빠른 예는 영
암 월출산 龍巖寺址에서 수습된 '統和二十五年丁未年'이라고 새겨진 암기와이
다. 이 기와는 용암사지가 統和25년인 高麗 穆宗 10년(1007년)에 창건 또는 중
수된 사실을 전해주고 있어 조성 시기에 대하여 여러 이견이 있는 마애불의 편
년을 살필 수 있는 중요한 자료이기도 하다. 그리고 충남 아산 용계리 가마터의
건물지에서 '太平壬戌銘' 기와가 출토되었는데, 壬戌年은 太平2년(1022년)이
다.[44] 부여 定林寺址에서 출토된 암기와 중에 '太平八年 戊辰 定林寺 大藏唐草'
라는 명문이 확인되었는데,[45] 太平8년은 顯宗19년(1028년)으로 백제 때 중건된
定林寺가 高麗 顯宗代에 와서 중창되었음을 전해주고 있다. 진도 龍藏城에서
는 '太平十年庚午四月 金沙寺 造印'으로 판독되는 기와가 수습되어 이 기와가

41 　李俁, 『大東金石書』(亞細亞文化史, 1979, p.147).
42 　국립청주박물관, 『청주 思惱寺 金屬工藝 Ⅲ』, 국립청주박물관, 2014, p.93
43 　동아대학교 석당박물관, 『동아의 국보 보물』, 2014, p.158.
44 　국립전주박물관, 『高敞郡의 역사문물』, 1999, p.47.
45 　忠南大學校 博物館, 『定林寺址發掘調査報告書』, 1981, pp.43~44.

太平10년(1030년) 4월에 金沙寺에서 제작되었음을 알 수 있다. 또한 당진 安國寺址에서는 '太平十'銘(1030년) 기와,[46] 영월 興寧仙院에서는 '大安五年下'(1089년)라고 새겨진 암기와가 수습되었다.[47] 江陵 崛山寺址에서는 天慶3年銘(1113년) 기와, 襄陽 陳田寺址에서도 天慶3년 4월에 제작된 것으로 추정되는 수기와가 출토되어 가까운 곳에 소재한 두 사찰이 비슷한 시기에 중수되었음을 알 수 있다. 이 기와들은 古代에 창건된 사찰들이 고려시대 들어와 중수되었는데, 요나라 연호를 사용하여 중수 시기를 알 수 있도록 했음을 알려주고 있다.

영암 龍巖寺址　　　영월 興寧仙院[48]　　　　　강릉 崛山寺址[49]

이외에도 요나라 연호는 岩刻文이나 拜禮石에서도 확인되고 있다. 먼저 산청 斷俗寺址의 바위에는 '廣濟喦門'이라고 크게 새기고, 그 옆에 '統和十三年乙未四月日'이라고 음각되어 있어[50] 새긴 시기를 알 수 있도록 했다. 이 암각문은 高麗 成宗 14년(995년) 4월에 새겼음을 알 수 있다. 그리고 通度寺 拜禮石에는 '太康十一年乙丑二月 日造'라는 명문이 새겨져 있다. 따라서 이 배례석은 高麗 宣宗 2년(1085년) 2월에 제작되었음을 알 수 있다.

46　충청남도 역사문화원, 『당진 안국사지』, 2006.
47　江原文化財研究所, 『師子山 興寧仙院 地表調査 報告書』, 2002, pp.138~142.
48　江原文化財研究所, 『師子山 興寧禪院 地表調査 報告書』, 2002, p.141.
49　국립중원문화재연구소, 『사굴산문과 굴산사』, 2012, p.179.
50　허흥식 편, 『韓國金石全文』 中世 上, 아세아문화사, 1984.

Ⅲ. 遼나라 年號의 사용 추이와 의의

요나라는 중국의 역대 왕조 중에서 중국 북방 지역을 통치했던 나라로 황제
마다 1개에서 5개까지의 연호를 사용하였다. 그래서 요나라의 연호는 1대 태조
가 처음 사용한 '神册'부터 9대 天祚帝가 마지막으로 사용한 '保大'까지 총 23개
가 확인되고 있다.

【표】요나라 사용 연호 및 기간

대	묘호	이름	재 위	사용 연호 및 기간
1대	太祖	耶律阿保機	916-926년	神册(916.12~922.01) 天贊(922.02~926.02) 天顯(926.02~926.07)
2대	太宗	耶律德光	926-947년	天顯(927.11~938.10) 會同(938.11~947.01) 大同(947.02~947.04)
3대	世宗	耶律阮	947-951년	大同(947.04~947.09) 天祿(947.09~951.09)
4대	穆宗	耶律璟	951-969년	應曆(951.09~969.02)
5대	景宗	耶律賢	969-982년	保寧(969.02~979.11) 乾亨(979.11~982.09)
6대	聖宗	耶律隆緒	982-1031년	乾亨(982.09~983.06) 統和 (983.06~1012.윤10) 開泰(1012.11~1021.11) 太平(1021.11~1031.06)
7대	興宗	耶律宗眞	1031-1055년	景福(1031.06~1032.11) 重熙(1032.11~1055.08)
8대	道宗	耶律洪基	1055-1101년	清寧(1055.08~1064) 咸雍(1065~1074) 大康(1075~1084) 大安(1085~1094) 壽昌(1095~1101)
9대	天祚帝	耶律延禧	1101-1125년	乾統(1101.02~1110) 天慶(1111~1120) 保大(1121~1125.02)

거란은 907년 통일국가를 건설하고, 922년에는 契丹 耶律阿保機가 고려에 사신을 파견하였다. 그리고 契丹이 926년 渤海를 멸망시키자 渤海의 世子 大光顯이 934년 대거 발해 유민을 이끌고 고려에 귀부한다. 이 일로 고려와 거란의 관계가 서서히 악화되기 시작한다. 고려는 거란은 신경 쓰지 않고 933년 後唐의 연호를 사용한다. 또한 고려는 한반도에서 936년 통일국가를 이룩한 후, 938년 後晉의 연호를 사용하였다. 契丹은 942년 다시 고려에 사신을 파견하여 우호의 의미로 낙타 50필을 보내왔다. 그런데 고려는 거란이 발해를 멸망시킨 무도한 나라라고 하면서 사신을 섬으로 유배시키고, 낙타는 개경의 보정문 안에 있었던 萬夫橋 아래에서 굶겨 죽였다.[51] 이 일로 고려와 거란의 우호는 단절되었으며, 적대적인 관계가 형성되었다.

947년 거란이 국호를 遼로 바꾸며 강대해지지만, 고려는 아랑곳하지 않고 948년 後漢, 951년 後周, 963년에는 宋의 연호를 사용하였다. 고려는 太祖代에 契丹을 禽獸의 나라로서[52] 언어와 제도를 본받지 말라고 하는 등 야만스러운 민족이나 국가로 인식하였다.[53] 그러나 契丹이 중국 대륙에서 급성장하여 정통 중화를 자처한 宋과 대립하였는데, 遼가 군사적으로는 宋보다 강한 상태였다. 이러한 동아시아 정세 속에서 고려가 宋과 긴밀한 관계를 유지하자 契丹과 고려는 대립하게 된다. 당시 요나라가 송과 함께 명실상부한 패권 국가였지만 고려는 여전히 北宋의 연호를 사용했다. 예를 들면 탑비의 경우 高達寺 元宗大師 慧眞塔碑는 北宋 太祖代의 연호인 '開寶'을 사용하여 975년 비문이 각자되었음을 기록하였고, 普願寺 法印國師 寶乘塔碑는 北宋 太宗代의 연호인 '太平興國'을 사용하여 978년 4월 탑비가 건립되었음을 기록하였다. 그리고 983년 2월 제작된 石製舍利圓壺의 경우도 開寶와 太平興國이라는 송나라 연호를 사용했다.[54] 고려

---

51 『高麗史』2卷, 世家 2, 太祖 25年(942年).
52 『高麗史』2卷, 世家 2, 太祖 26年(943年).
53 김순자, 「고려전기의 거란(遼), 여진(金)에 대한 인식」, 『한국중세사연구』26, 한국중세사학회, 2009, p. 110.
54 黃壽永 編, 『韓國金石遺文』, 一志社, 1994, pp. 183~184.

가 요의 연호를 공식적으로 사용하기 전까지는 建隆, 乾德, 開寶, 太平興國,[55] 雍熙, 端拱, 淳化 등 宋의 연호가 사용되었다.

요나라는 993년 10월 압록강을 넘어 고려를 침공하는데, 당시 요나라의 선봉장은 蕭遜寧이었다. 고려는 朴良柔와 徐熙 등을 보내 요나라 군사들과 싸웠으나 蓬山郡을 빼앗기는 등 상황이 여의치 않자 請和使를 보내 和親을 청하였다. 당시 고려 조정은 蕭遜寧의 요구에 따라 西京 以北을 떼어주자는 割地論도 있었지만, 成宗(재위 981~997년)은 徐熙와 李知白 등이 항전을 주장하자 이에 따랐다. 그런데 蕭遜寧이 安戎鎭을 공격하다가 실패하자, 고려와 요 사이에는 화친의 분위기가 형성되었다. 이에 따라 徐熙가 蕭遜寧을 만나 담판을 짓고, 압록강 유역까지 진출하게 된다. 그리고 송나라 연호 대신 요나라의 연호를 사용하기로 한다. 이후 고려는 994년 요나라로부터 점유를 인정받은 압록강 동쪽의 女眞族을 축출하고 영토를 확장하며, 이곳에 성을 쌓아 江東 6州를 설치한다. 이에 따라 고려는 994년부터 요나라의 연호를 사용하기 시작한다.

이후 고려는 穆宗의 母后인 千秋太后와 金致陽이 불륜관계를 맺고 왕위를 빼앗으려하자 康兆가 金致陽 일파를 제거하고 목종을 폐위하였다. 이에 요는 康兆의 죄를 묻겠다는 구실로 聖宗(재위 982~1031년)이 직접 1010년 11월 40만 대군을 이끌고 고려를 침략한다. 그런데 이는 침략 구실에 불과할 뿐 실제는 고려와 송의 교류를 차단하고 江東 6州를 되찾는데 있었다. 어쨌든 고려 顯宗(재위 1009~1031년)은 1010년 11월 요나라의 공격으로 康兆가 죽고, 開京이 불타고 함락 당하자 羅州로 피난을 가게 된다. 당시 遼는 고려가 河拱辰을 보내 화친을 청하자 顯宗이 親朝한다는 조건을 받아들이고 돌아갔다. 顯宗은 1011년 정월 개경에 돌아왔으나 요나라에 친조하지 않았으며, 강동6주를 반환하지도 않았다. 또한 1013년 遼와 국교를 단절하고, 이듬해에 宋과 다시 교류하였다.

55　경기도 하남시의 太平二年銘磨崖藥師佛坐像은 太平興國을 줄여 太平으로 기록했으며, 경기도 이천시의 장암리 마애보살반가상은 太平興國6年이라는 명문이 새겨져 있다.

그러면서 고려는 1016년 大中祥符, 1018년 天禧라는 송나라 연호를 사용한다. 당시 현종은 거란의 침입 이후 송과의 관계 회복을 위해 노력하면서 그 일환으로 송의 연호를 사용한 것으로 보인다.[56] 이와 같이 고려 현종이 1013년 공식적으로 요와 국교를 단절하였지만 실질적으로는 요나라가 공격하여 몽진을 간 1010년 11월부터 요나라의 연호를 사용하지 않았을 것으로 보인다. 요나라는 蕭排押이 1018년 12월 10만 대군을 이끌고 다시 고려를 침략해 왔다. 당시 姜邯贊과 姜民瞻 등이 잘 대비하여 1019년 2월 龜州大捷으로 요나라 군대를 대파하였다.

서울 경국사에 봉안되어 있는 추정 요나라 불상

이와 같이 고려와 요나라는 993년(성종 10년) 10월부터 1018년(현종 9년) 12월까지 3차례의 전쟁을 거치면서 적대와 우호 관계를 반복했지만, 전쟁이 끝나고 1019년 和義가 맺어짐으로써 평화적인 관계를 유지하게 되었다.[57] 그러면서 고려는 1022년부터 宋의 연호 사용을 중지하고, 遼의 연호를 사용하기 시작한다. 현재 靈巖寺 寂然國師 慈光塔碑가 1023년에 건립되었는데, 비명은 '大宋 高麗國'으로 시작하고, 건립 시기는 '太平三年四月'이라고 하여 요나라의 연호를 사용하였다. 이는 당시 찬자나 서자의 고민을 엿볼 수 있는 기록이다. 고려와 요는 1032년부터 1035년까지 契丹城 築城과 억류된 使臣 문제로 일시적으로 국교가 단절되기도 하지만 고려는

---

56 한정수, 「고려-송-거란 관계의 정립 및 변화에 따른 紀年의 양상 -광종-현종대를 중심으로」, 『한국사상사학』 제41집, 한국사상사학회, 2012, p.118.

57 구산우, 「고려 현종대의 대거란전쟁과 그 정치·외교적 성격」, 『역사와 경계』 74, 부산경남사학회, 2010, pp.85~127.

여전히 요의 연호를 사용하였다. 그리고 고려는 1115년 요나라의 원병 요구를 거절하고 송과의 관계를 강화하였다. 당시 여진이 급부상하고 요의 동경에서 반란이 발생하는 등 요나라의 국력이 급격하게 약화되자 고려를 비롯한 주변 국들은 요나라와의 관계를 정리해 나갔다. 그러면서 고려도 자연스럽게 요나라의 연호를 사용하지 않게 되었다. 고려는 遼가 멸망하고 金이 건국되자 곧바로 金의 연호를 사용하였다. 현존하는 銅鍾, 香垸, 金鼓 등에 새겨진 연호가 그러한 사실을 여실히 확인시켜 주고 있다.

~994년 ————————— 1013년 —— 1021년 — 1022년 ———————— 1116년~ ——
(요연호)　　　　　　(국교단절)　　(국교재개)　　　　　　　　　(사용중지)

　　한편 고려시대 고승들의 행적을 연대기적으로 기록한 塔碑는 당시 高麗와 遼나라와의 관계를 비교적 요연하게 보여주는 대표적인 사례라 할 수 있는데, 고려는 遼와 국교가 단절되었을 경우에 宋의 연호를 사용했으며, 遼와 우호적인 관계를 유지할 때는 遼의 연호를 사용하였다. 예를 들어 法泉寺 智光國師 玄妙塔碑는 1085년 건립되었는데, 비문에 智光國師 海麟(984~1070년)의 행적을 시기 순으로 나열하면서 雍熙-統和-大中祥符-天禧-太平-重熙-淸寧-咸雍-大安 등 당시 高麗와 遼, 고려와 宋과의 외교관계에 따라 遼와 宋의 연호가 명확하게 구분되어 사용되었다. 이는 당시 중앙에서 지방에 이르기까지 조정의 연호 사용 방침에 따라 분명하게 연호가 사용된 것으로 보아 고려시대에도 일사 분란한 행정시스템이 구축되어 있었음을 알 수 있다. 고려시대에도 오늘날처럼 교통통신이 발달되지 않은 상황이었지만 상당히 체계화된 행정시스템이 있었음을 알 수 있어 놀라운 일이 아닐 수 없다.

　　이와 같이 고려가 사용한 연호는 국가 차원에서 단순하게 시간을 파악하기 위한 遼와 宋의 曆法의 借用이 아니라 당시 高麗와 遼, 高麗와 宋, 遼와 宋의 정치적인 역학 관계에 따른 계산된 실리적인 외교를 추진하는 과정에서 나타난 산물이라 할 수 있다. 즉, 고려 정부가 단순하게 연대를 표기하기 위한 수단으로서의 연호 차용이 아니라 당대의 정치적인 역학관계에 따라 연호를 변화시켰던 것으로 보아 정치적 행위의 일환으로 연호의 차용을 전략적으로 선택했음을 알 수 있다. 따라서 고려가 차용한 요나라의 연호에는 정치적 의미가 내재되어 있는 것이라 할 수 있다. 그것은 책봉 관계나 상국에 대한 도리라기보다는 실리로 요약된다. 고려가 중국 대륙에서 요와 송의 패권 다툼과 혼란한 정국 속에서도 정치적인 역학 관계에 따라 요와 송의 연호를 번갈아 사용했다는 점은 고려 중앙정부는 중국 연호 제도의 모방을 추구하여 독자적인 연호의 제정 보다는 요와 송과의 대립과 대항을 통한 중국 문화로부터의 이탈을 방지하면서 정치적인 실리에 따라 적절하게 대응하여 중국 선진문물을 수용하고 동아시아를 공동으로 영위해 나가고자 하는 역사의식이 발로라 할 수 있다. 고려의 자주성 보다는 동아시아에서의 보편성을 추구했던 가치관이라 할 수 있을 것이다. 반면 일본 열도는 바다 건너 있었고, 중국 대륙과의 직접적인 교류 보다는 한반도를 통한 간접적인 교류 위주였고, 동아시아 역사에서 주류 속에 포함되지 못하여 독자적인 노선을 걸을 수밖에 없었기 때문에 자체 연호를 사용하였던 것으로 보인다.

한편 동양 고대 사회에서 새로운 군주가 즉위하면 새로운 국가의 건설과 새로운 시대의 도래에 따라 강력한 왕권을 대내외적으로 선포하고 선정을 베풀려는 의지의 표현으로 새로운 연호를 제정하기도 했다. 그리고 연호는 국가 구성원 전체가 동일 연호를 사용함으로써 공통된 曆法의 사용이라는 통합과 동질감의 상징으로도 이해되었다. 한반도는 중국과 육지로 연결되어 있었으며, 두 나라는 고대로부터 직간접적인 교류를 통한 밀접한 관계를 유지하면서 역사가 전개되었다. 따라서 한반도에서 성장 발전하였던 나라들은 별도의 연호를 사용할 필요성이 높지 않았으며, 오히려 중국 연호를 차용함으로써 동아시아의 역사 전개에 있어서 궤를 같이 한다는 대승적인 인식과 함께 실익도 높다는 정책적 판단이 있었을 것으로 보인다.

고려 상감청자(遼陽博物館)

　　고려가 요나라의 연호를 사용했다는 것은 요나라와 밀접하고 지속적인 교류 관계가 있었음을 시사한다. 고려와 요는 건국 직후 각각 한반도와 중국에서 패권을 다투던 10세기대에는 관계가 원만치 못하였으나, 정치적으로 안정기에 접어든 11세기대부터는 특별한 경우를 제외하고 우호적인 관계가 형성되었다. 그래서 고려는 요가 멸망할 때까지 使行과 密貿易 등이 성행하면서 많은 문물 교류가 이루어졌으며, 요나라 大藏經이 유입되어 大覺國師 義天의 續藏經 간행에 영향을 미치기도 했다. 또한 元曉의『起信論疏』가 요나라에 전해져 반포되기도 했다. 이와 같이 양국은 불교를 신봉하면서 불교를 중심으로 문물교류가 이루어졌으며, 상호 영향을 주고받으면서 불교문화가 크게 발전하는 계기가 되었다.

제Ⅱ장

요탑 각론

1. 요녕성 遼寧省

1) 심양 강평 보탑사탑(瀋陽 康平 寶塔寺塔)

소탑자고탑(小塔子古塔), 오봉탑(烏峰塔), 포탑(包塔)

이 탑은 遼寧省의 성도인 瀋陽市 康平縣 郝官屯鎮 小塔子村에 있는 祺州城址[1]에 위치하고 있다. 평면 8각형 13층 전탑으로 높이는 약 30m이다. 明代에는 烏峰塔 清代에는 包塔"으로 불리었다. 清代인 1858년 마을사람들이 기단부를 수리했다고 전하며, 이후 1981년 9월에 중수되었다.

기단부는 연화좌와 두공을 적용한 수미단 형식으로 높게 마련하였으며, 탑신부는 전형적인 密檐式 양식이다. 1층 탑신이 요대 탑파의 특징을 잘 보여주고 있는데, 각 면 하부에 불감을 마련하여 연화대좌 위에 본존불을 조성하고 불감 좌우에 입상의 보살상을 배치하였다. 불감 상부에는 보개를 장식하고 사방에 공양비천상을 조각하였다. 각 면 모서리마다 石幢形으로 八大靈塔을 높게 새겼다. 탑신 상부는 벽돌을 짜임새 있게 맞추어 목조건축의 공포부를 재현하였다. 2층부터는 탑신을 낮게 마련하여 밀첨식 양식을 취하도록 했으며 옥개부는 기와지붕을 사실대로 모방하였다.

옛 모습

---

1   요나라의 개국 황제 耶律阿保机를 위해 축성, 형태는 정사각형이고 남북 길이 380m, 동서 너비 260m, 동·남·서벽에 성문이 있다.

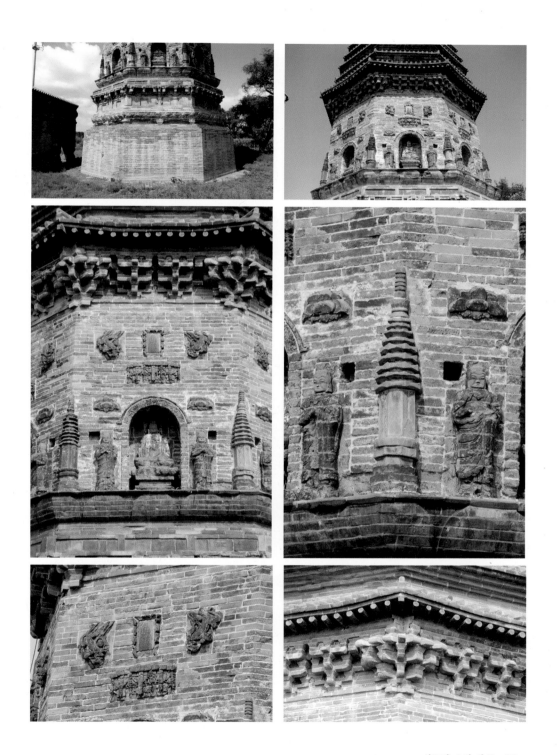

탑은 부분적으로 보수되었지만 처음 건립될 당시의 모습을 잘 보존하고 있는 대표적인 요대 초기의 탑파이다. 기록에 의하면 祺州가 설치될 때(921~926년) 건립된 것으로 전하고 있다.

2) 부신 탑산탑(阜新 塔山塔)

여주요탑(閭州遼塔), 십가자탑(十家子塔)

이 탑은 遼寧省 阜新市 阜新蒙古族自治縣 十家子鎭 塔北村에 있는 塔山 정상에 위치하고 있다. 탑은 평면 8각형 밀첨식 전탑으로 현재 높이는 약 28m이며, 층수는 9층인데 원래는 13층으로 전해지고 있다. 탑의 남쪽 평지에는 塔山城址가 남아있는데, 이 지역이 요대에 閭州 였으므로 閭州遼塔, 현재 지명을 따라 十家子塔으로도 불린다. 이 지역은 瑪瑙 産地로 널리 알려져 있다.

탑은 여러 곳에 보수된 흔적이 보이지만 전체적으로 전형적인 요대 양식을 보여주고 있다. 기단부는 여러 단의 수미단 형식으로 구성되었으며, 표면에 조각상과 화문을 비롯한 다양한 문양을 표현하였다. 특히 상단의 수미단에는 목조건축의 두공을 적용하였으며 그 위에 연화좌를 마련하였다. 1층 탑신의 4면은 한가운데 불감을 마련하여 그 안에 본존불을 배치하고 불감 밖의 좌우에 보살입상을 새겨 삼존형식으로 조성하였다. 그리고 불감 상부에 천개와 공양비천상을 조각하였다. 나머지 교차되는 4면에는 불감 자리에 문비를 마련하였다. 또한 탑신 각 면 모서리에는 석당형식의 八大靈塔을 배치하였다. 팔대영탑은 평면 8각형으로 기단부를 낮게 마련하였으며, 탑신부는 9층 밀첨식으로 구성하였다. 그런데 1층 탑신부를 상당히 높게 구성하여 이전에 성행했던 석당 양식을 계승하였다. 1층 옥개는 목조건축의 공포부와 지붕부를 재현하

옛 모습

였으며, 2층부터는 옥개받침만 구성하였다.

　이 탑은 요대 여주지역에 건립된 대표적인 전탑으로 멀리서도 잘 보이는 산의 정상에 세워 신앙의 대상으로서 뿐만 아니라 표식 역할도 했던 것으로 보인다. 탑은 관련 기록에 의하면 요 會同 원년(938년)에 처음 건립된 것으로 전해지고 있다.

3) 부신 홍모자탑(阜新 紅帽子塔)

이 탑은 遼寧省 阜新市 阜新蒙古族自治縣 紅帽子鄕 西塔山村 塔子山에 있는데, 이곳은 요대의 成州城으로부터 약 2km 떨어진 곳이다. 탑은 현재 10층이 남아있는데, 원래는 11층 이었을 것으로 추정되며, 평면 8각의 밀첨식 전탑으로 높이는 약 24.4m이다. 탑 주변에 있는 경작지의 넓은 범위에서 기와편이 출토되고 있다. 탑은 사지로 추정되는 경작지 위쪽으로 형성된 능선 상에 홀로 서있어 예불과 표식 등 다양한 기능을 가졌던 것으로 보인다. 이 탑은 東塔山塔으로도 널리 알려져 있다.

기단부는 평면 8각의 수미단 형식으로 상단은 두공과 난간을 재현하여 화려하게 구성하였다. 수미단의 안상 문양, 두공 사이의 공간포에 새겨진 문양, 난간의 기하학적 무늬 등이 돋보인다. 1층 탑신 4면에는 아치형 문이 설치되어 있어 내부 공간으로 출입할 수 있으며, 나머지 4면에는 광창이 재현되어 있다. 그리고 문과 광창 주변 사방에 4각형 홈이 시공되어 있는 것으로 보아 별도의 시설물이 설치되었음을 알 수 있다. 탑신 모서리에는 원형 기둥을 세우고 기둥 사이에는 인방과 창방으로 연결하였다. 옥개는 벽돌로 공포부를 정교하게 구성하였으며, 지붕부는 받침형으로 처리하였다. 2층 옥개부터는 상하부에 받침단을 마련하였으며, 탑신 각 면 좌우에 2개의 사각형 홈이 남아있는 것으로 보아 별도의 목

옛 모습

탑 주변 전돌

조 가구가 설치되었던 것으로 보인다. 이러한 측면은 다른 요나라 전탑에서는 보기드믄 사례이다.

탑은 聖宗(耶律隆緖)의 둘째딸 晋國長公主가 건립한 것으로 관련기록에 의하면, 太平 원년(1021년)에 세워진 것으로 전해지고 있다. 정방형 형태의 지궁이 있었던 것으로 확인되었으며, 수습된 유물들이 遼寧省博物館에 소장되어있다. 2009년부터 2011년까지 크게 중수되었다.

요녕성박물관 소장 부신 홍모자탑 지궁 출토유물

金塔   銀塔   琥珀盒

4) 부신 탑영자탑(阜新 塔營子塔)

의주고탑(懿州古塔), 의주성탑(懿州城塔)

이 탑은 遼寧省 阜新市 阜新蒙古族自治縣 塔營子 鎭 塔營子村에 위치하고 있다. 탑은 평면 8각의 13층 밀첨식 전탑으로 높이는 약 32m이다. 탑이 요나라 太 平 3년(1023년)에 설치된 懿州城의 내부에 있어 懿州 古塔 또는 懿州城塔 등으로도 불린다.

기단부는 3단으로 구성된 수미단 형식인데 하단 과 중단의 각 면에는 각각 3개의 감실을 마련하여 그 안에 조각상을 새겼으며, 상단은 두공이 마련된 난간 형식이다. 1층 탑신은 한가운데 불감을 마련하여 여 래좌상을 안치하였고, 불감 밖의 좌우에는 입상의 협 시보살상을 조각하였다. 그리고 상부에는 천개와 공 양비천상을 새겼으며, 상단 중앙에 題額을 마련하였 는데, 정남면부터 시계방향으로 '南無善吉佛', '南無普 光明佛', '南無戰斗胜吉佛', '南無自在幢王佛', '南無功 德光明吉佛', '南無無障業柱吉佛', '南無妙花勇猛佛', '南無寶花安住王佛'이라고 쓰여 있다. 또한 여러 곳에 4각형 홈이 시공되어 있는 것으로 보아 보호각과 같 은 별도의 목조가구가 설치되었던 것으로 보인다. 1 층 옥개는 하부에 공포부를 마련하고 상부에는 기와 를 올렸는데 다른 층에 비하여 좌우 너비가 넓다. 이 탑의 특징적인 부분은 옥개하부는 받침으로 처리하 고 상부는 기와를 올려 마무리 했다는 점이다. 상륜 부는 파손되어 원래 모습을 구체적으로 알 수 없지만 밑부분에 평면 8각형의 넓은 받침대를 마련하였다.

보수 전 모습

보수 후 모습

보수 전모습

탑은 평지의 사찰 내에 건립된 전형적인 요대 불탑 양식으로 의주성이 설치
될 때 건립된 것으로 추정된다.

5) 안산 해성 금탑(鞍山 海城 金塔)

이 탑은 요녕성 鞍山市 海城市 析木鎭 羊角峪村
의 西山 중턱에 위치하며, 이 일대는 金塔大禪寶林
寺 또는 金塔寺로 전해지고 있다. 탑은 평면 8각형
의 13층 전탑으로 높이는 약 31.5m이다. 사역 뒤편
의 산 중턱 부분에 대지를 조성한 후 탑을 건립하
여 멀리서도 조망이 잘되도록 하였다.

기단부는 2단의 수미좌 형식인데 하단은 인물
상과 사자상을 비롯하여 악기를 연주하는 조각상
이 가득 배치되어 있다. 상단은 이 탑에서 가장 특
징적인 부분으로 모서리마다 신장상을 배치하였
고, 각 면에 역동적이고 생동감 있는 半身의 獅子像
을 조각하였다. 기단 상부에는 연화문을 새겨 탑신
에 대한 공양의 의미를 더하였다. 1층 탑신은 각 모
서리마다 벽선이 있는 원형 기둥을 세워 면을 구분
하였다. 각 면은 유사한 조각 기법을 보이고 있는
데, 각 면의 한 가운데에 아치형 佛龕을 마련하여
좌상의 불상을 봉안하였던 것으로 보이는데 현재
본존불은 모두 남아있지 않다. 불감 좌우에는 유려

한 가사를 걸친 보살입상을 배치하였고, 그 위에 화려한 天蓋를 표현하였다. 그
리고 탑신 상부에는 구름을 타고 악기를 연주하는 공양비천상을 2구씩 장엄하
였다. 1층 옥개만 처마 하부에 화려한 공포부를 마련하였으며, 2층부터는 받침
형으로 처리하였다. 옥개 상부는 벽돌을 기와 형태로 구워 목조 건축의 지붕부
를 그대로 재현하였다. 상륜부는 남아있지 않다.

이 탑은 전체적으로 요나라 전탑 양식을 충실히 반영하고 있는데 특히 기단

부의 사자상과 1층 옥개의 공포부는 후대에 중수되는 과정에서 부분적으로 변형된 모습을 보이고 있다. 탑은 관련 기록에 의하면 요대에 처음 건립된 이후 明代 萬曆 年間(1573~1620년)에 크게 중수된 것으로 전해지고 있다.

서면　　　　　　서남면　　　　　　남면

남동면　　　　　　동면　　　　　　동북면

북면　　　　　　북서면　　　　　　사찰 소장 불상

6) 조양 북탑(朝陽 北塔)

이 탑은 요녕성 朝陽市 雙塔區에 위치하고 있으며, 평면 4각형 13층 밀첨식 전탑으로 전체 높이는 약 42.6m이다. 이곳은 원래 북위시대의 和龍宮이 있었으며, 원래는 목탑이 서 있었는데 隋代에 들어와 그 자리에 寶安寺를 창건하고 사각형의 仁壽舍利塔을 건립하였다고 한다. 이후 唐代에 탑이 크게 훼손되자 중수하여 開元寺塔이라 하였고 遼代에 대대적으로 중건하여 延昌寺大塔이라 불렸으며, 오늘날까지 전해지고 있다.

탑의 기단부는 성벽을 모방한 수미좌 형식으로 마련하였으며, 탑신부는 2층부터 탑신을 낮게 한 밀첨식 양식이다. 1층 탑신은 하부에 정교한 수미좌 형식의 받침을 마련하였으며, 中宮 내부로 통할 수 있는 문비를 마련하였다. 1층 탑신에는 각 면마다 금강계 사방불을 조각하였는데, 탑신 각 면의 한가운데에는 三尊佛, 좌우에 八大靈塔, 상부에 6구의 供養飛天像을 배치하였다. 본존불 상부에는 화려한 보개를 별도로 올려 장엄함의 극치를 보여주고 있

옛 모습

다. 八大靈塔 옆에는 연화좌와 螭首를 갖춘 壁碑를 마련하였는데 '淨飯王宮生處塔', '菩提樹下成佛塔', '鹿野苑中法輪塔', '給孤獨園名稱塔', '曲女城邊寶塔塔', '耆闍崛山般若塔', '菴羅衛林維摩塔', '娑羅林中圓寂塔'이라고 새겼다. 또한 탑신 모서리마다 원형 기둥을 세우고 상부에는 목조건축의 공포부를 충실하게 재현하였다.

탑은 1984년부터 1992년까지 대대적인 수리가 이루어졌는데, 당시 북위시대의 和龍宮이 있었음을 알 수 있는 초석과 토축 기단 등이 발견되었으며, 다시 그 위에서 隋代에 건립된 인수사리탑의 유구 일부가 확인되었다. 탑신부에서

동면(아축불)

서면(아미타불)

남면(보생불)

북면(불공성취불)

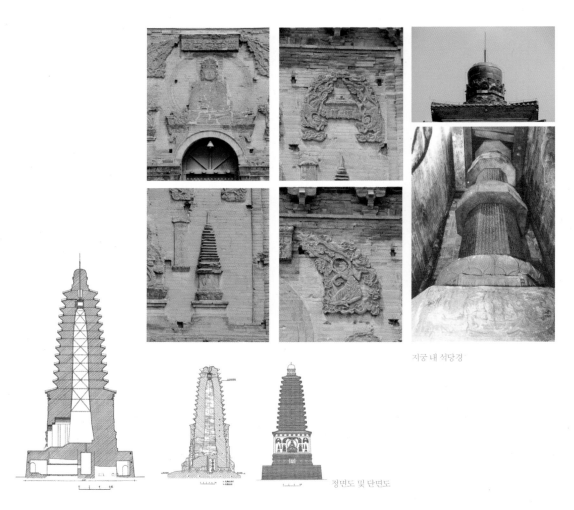

지궁 내 석당경

정면도 및 단면도

는 唐代의 채색벽화가 조사되었다. 그리고 1988년 보수 공사 중 탑의 地宮과 中宮, 天宮에서 다양한 시기의 유물들이 출토되었다. 유물로는 석함, 사리탑, 보개, 은제보리수, 금동보살상, 은제접시, 동경 등이 수습되었다. 현재 출토 유물들은 朝陽北塔博物館에 소장·전시되고 있다. 이 탑의 특징적인 측면은 天宮이 마련된 점과 지궁에 다라니경이 새겨진 石經幢이 출토되었다는 점이다. 특히 석경당의 표면에 重熙 13년(1044년)이라는 명문이 있어, 탑이 이 시기에 중건되었음을 알 수 있게 되었다. 보존 상태가 매우 양호할 뿐만 아니라 명확한 조성 배경과 시기를 알 수 있어 요대를 대표하는 "塔中塔"으로 인식되고 있다.

조양북탑박물관 소장 조양 북탑 출토유물

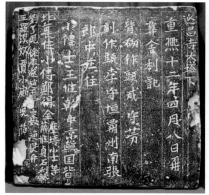
사리기명

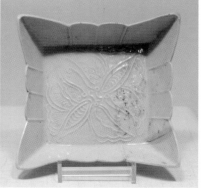
사각형 백자 접시

금제사리탑

천궁 출토 금은제 경탑

은제 도금탑

은제 도금탑의 범자

요녕성박물관 소장 조양 북탑 출토유물

은제 보리수

북위 소조불

북위 소조불

북위 소조불

기타 조양 북탑 출토유물

북위 무사상
(조양시박물관)

칠보 사리함

금은제 법륜

7) 조양 남탑(朝陽 南塔)

영감사석가불사리탑(靈感寺釋迦佛舍利塔)

이 탑은 遼寧省 朝陽市 雙塔溝 쌍탑거리에 북탑과 마주서 있으며, 전체 높이는 약 42.6m이다. 평면 4각형 13층의 전탑이다.

기단부는 각 면을 성벽처럼 쌓아 마련하였으며 그 위에 중층의 난간과 연화좌를 조성하여 수미단으로 구성하였다. 난간에는 안상을 새기고 그 안에 용무늬와 꽃무늬 등을 화려하게 표현하였다. 탑신부는 1층 탑신은 높게 마련하고, 2층부터는 낮게 하여 전형적인 밀첨식 양식을 적용하였다. 1층 탑신 각 면은 한가운데 상부가 아치형을 이룬 문을 마련하였고, 그 주변의 벽면에는 요대 탑파에서 일반적으로 볼 수 있는 불보살상과 八大靈塔 등을 조각하였을 것으로 보이지만 현재는 훼손되거나 도난당하고 그 흔적만 남아있다. 1층 탑신 모서리에는 원형 기둥을 세우고 탑신 상부에는 다양한 형태의 벽돌을 삼각형 형태로 공포부를 짜 맞추었고, 그 위에는 목조건물의 지붕처럼 원형의 서까래와 기와를 그대로 올렸다.

옛 모습

탑은 양식적으로 朝陽 北塔과 유사하지만, 기단부 난간의 구성수법, 1층 탑신 조각상의 표현 수법, 공포부의 결구 수법, 옥개받침 등에서 차이를 보이고 있다. 탑이 건립될 당시 봉안된 다양한 유물들이 보수 시에 수습되어 朝陽博物館에 소장되어 있다. 한편 청나라 때 편찬된 『塔子溝記略』에 수록된 「靈感寺釋迦佛舍利塔塔銘」과 관련 기록에 의하면, 탑이 統和2년(984년)에 건립되었다고 한다.

조양 남탑 출토 유물

목불(朝陽博物館)   목불(朝陽博物館)   금은관

조양 남탑 부근 출토 유물

사리석함(遼寧省博物館)   사리기   금탑   은탑

조양박물관 소장 조양 출토 요대 유물

백자   황색 유약 정병   녹유연화문 주전자   백자 주전자

8) 심양 무구정광사리탑(瀋陽 無垢淨光舍利塔)

탑만사리탑(塔灣舍利塔)

이 탑은 요녕성 심양시 皇姑區의 塔灣거리에 위치하고 있어 오래전부터 탑만사리탑으로도 불려왔다. 평면 8각형 13층 전탑으로 전체 높이는 약 30m이다.

탑 정면에 세워져 있는《重修無垢淨光舍利佛塔碑記》에 의하여, 요나라 重熙 13년(1044년)에 처음 건립된 것으로 확인되었다. 이후 청나라 崇德 5년(1640년)에 크게 중수되었는데 당시 기단부와 탑신부의 옥개, 상륜부 등이 청나라 전탑 양식으로 변화되었다.

탑은 크게 사리구가 봉안된 地宮, 수미단 형식의 기단부, 밀첨식 양식의 탑신부와 상륜부로 구성되었다. 이 탑의 특징적인 측면은 수미단 각 면에 돌출된 석조 龍形像을 배치하였다는 점이다. 그리고 1층 탑신은 다른 층에 비하여 상당히 높게 마련하여 각 면마다 佛龕形으로 삼존상과 천개, 공양비천상을 조각하여 전형적인 요나라 전탑양식을 보이고 있다. 1층 탑신 상부에 사각형 구획을 마련하여 각 면에 배치된 본존불의 이름을 새겼는데, 각각 慈悲佛(正東), 阿閦佛(東南), 寶生佛(正南), 等觀佛(南西), 平等佛(正西), 惠華佛(西北), 大慈佛(正北), 普濟佛(北東)임을 알 수 있다.

탑은 1985년 대대적인 보수 시에 地宮 내부 벽면에 화려한 요대의 채색 벽화가 발견되었으며, 탑신에서는 상당량의 舍利가 출토되어 유물진열관에 소장되어 있다.

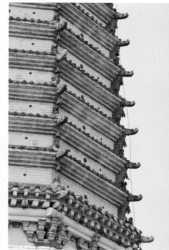

重修無垢浄光舍利佛塔碑記

9) 심양 백탑(瀋陽 白塔)

무구정광탑(无垢浄光塔), 미타사탑(彌陀寺塔)

옛 모습

이 탑은 遼寧省 瀋陽市 渾南區 白塔公園에 건립되어 있는데, 이곳은 원래 요대의 대찰이었던 彌陀寺가 있었던 것으로 전해지고 있다. 탑은 요나라 重熙 14년(1045년)에 건립되어, 이 지역을 대표하는 상징적인 탑이었다. 이후 명대와 청대를 거치면서 중건되었으며, 《奉天通志》 권75에 의하면, 당시 이 탑이 '白塔'으로 불리었고 명나라 永樂 4년(1606년)에 기단부와 탑신부 등이 크게 중수되었다고 한다.

1904년 중일전쟁이 발발한 이후 일본군이 1905년 이 지역을 침략하였을 때 파괴되었다고 한다. 이후 100여년이 지난 1999년 11월부터 공사를 시작하여 2000년 12월 준공하였다. 중건된 탑은 전형적인 요대 탑의 양식을 가지고는 있지만 파괴되기 전의 원래 사진과 비교하면 상당 부분 변형이 이루어졌음을 알 수 있다. 원래의 탑은 8각 13층 밀첨식 전탑으로 전체 높이가 약 70여m에 이른 것으로 전해지고 있다.

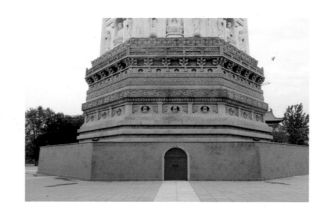

10) 금주 대광제사탑(錦州 大廣濟寺塔)

이 탑은 遼寧省 錦州市 古塔區 士英南街의 금주고탑역사문화공원 내에 세워져 있는데, 탑 주변으로 요서지방 最古의 고대 건축물들이 건립되어 있다. 탑이 있는 廣濟寺는 수나라 때 普濟寺로 창건되었으며, 이후 大佛寺로도 불렸다. 사찰은 명나라 때 크게 중건되었으며, 청나라 嘉慶 연간(1796~1820년)에 큰 화재로 소실되자 1826년에 대대적으로 중창되었다고 한다. 현재 탑은 평면 8각의 13층 밀첨식 전탑으로 전체 높이는 약 57m이다.

탑은 명나라 嘉靖 11년(1532년)에 건립된《錦州大廣濟寺重建前殿碑》에서 금대에 편찬된『塔記』를 인용하였는데, 그 내용에 의하면, 이 탑이 요나라 道宗 淸寧 3년(1057년)에 처음 건립되었다고 한다. 그래서 인지 이 탑은 전체적인 외관과 양식은 요나라 탑파의 양식을 취하고 있으나 1층 탑신를 제외한 기단부와 옥개부에 명나라 전탑 양식이 상당 부분 가미되어 있다. 특히 1층 상부의 공포부와 지붕은 전형적인 명나라 전탑 양식을 보여주고 있다. 그리고 기단부는 수미단 형식으로 마련하였는데, 각 면에 새겨진 조각상과 문양이 명나라 조각의 특징을 보이고 있다. 1층 탑신은 모서리마다 원형 기둥을 세웠으며 각 면의 삼존불 형식의 불상 배치와 공양 비천상 등은 그나마 遼代 건립 당시의 모습을 간직하고 있다.

옛 모습

11) 조양 팔릉관탑(朝陽 八棱觀塔)

이 탑은 遼寧省 朝陽市 龍城區 大平房鎭 八棱觀村 塔營子屯 북쪽에 있는 山上에 위치한다. 이 일대는 요대의 建州城이 있었던 지역으로 남쪽에는 大陵河가 흐르고 있다. 평면 8각형의 13층 밀첨식 전탑으로 전체 높이는 약 34m이다.

기단부는 여러 단의 수미단 형식으로 구성되었는데, 각 면에 안상을 3개씩 새기고 그 안에 다양한 조각상을 배치하였다. 특히 상단 수미단의 기둥에는 조양 북탑의 탑신에서 보이는 것과 같은 탑을 부조하였다. 수미단 상부에는 연화좌를 마련하여 탑신부를 올렸다. 1층 탑신은 모서리에 원형 기둥을 세워 구분한 다음 각 면이 동일한 塔像 배치를 보이고 있다. 탑신의 한 가운데에는 8각형 연화대좌 위에 불좌상을 조각하고 그 좌우에 소형의 보살입상을 배치하였다. 그리고 탑신 상부의 본존불 좌우에는 공양비천상과 八大靈塔을 한 쌍씩 새겼다. 이러한 탑상의 배치는 요대 탑에서 일반적인 수법이었는데 본존불을 상당히 크게 조성한 점과 한 쌍의 八大靈塔을 배치한 점은 보기 드문 사례이다. 옥개하부는 두공이 복잡한 공포부로 구성되었으며 처마부는 원형 서까래와 사각형 부연이 있는 겹처마 구조이다. 지붕부는 기와를 올려 마무리하였다. 그리고 지붕

옛 모습

마루 끝에는 塑造로 제작한 용두를 장식하였다. 이 탑은 다른 요대 탑과 달리 2층부터 최상층까지 옥개 하부에 두공이 있고, 지붕마루 끝에는 용두 장식이 있는 것으로 보아 후대에 크게 중수되었음을 알 수 있다. 그리고 전체적인 외관

요나라 建州城址

과 구조는 전형적인 요대 탑 양식을 충실히 따르고 있으나 세부적인 기법은 후대에 중수되면서 변화된 것으로 보인다. 지금도 표면에 회칠이 되어 있어 오래전부터 白塔으로 불렸음을 알 수 있다.

탑은 建州城이 잘 조망되는 곳에 세워져 있는데, 원래의 탑은 建州城이 설치되기 이전인 요나라 聖宗 年間(982~1031년)에 건립된 것으로 추정되고 있다.

12) 대련 와방점 영풍탑(大連 瓦房店 永豊塔)

이 탑은 遼寧省 大連市 瓦房店市의 復州古城 동남쪽에 있는 永豊寺址에 위치하고 있다. 이 일대는 唐代에도 크게 발전했던 지역이었는데, 요대에 들어와 唐代의 사찰이 크게 중창되면서 불탑도 새롭게 건립된 것으로 전해지고 있다. 탑은 사찰에 세워진 비문에 復州永豊塔으로 기록되었으며, 명·청대에 새롭게 기와를 올리는 등 중수한 다음 大佛寺라 했다가 후에 다시 永豊寺라 하였다고 한다.

현재 탑은 평면 8각형의 13층 밀첨식 전탑으로 전체 높이는 약 23m이다. 부분적으로 요나라 전탑의 요소를 보이고 있으나 명·청대에 중수되면서 當代의 양식들이 반영되었음을 알 수 있다. 전체적인 외관과 구조는 전형적인 요탑 양식을 따르고 있으나 기단부의 문양이나 간략화 된 1층 탑신 등은 후대의 수법을 보이고 있다.

復州古城 성문

탑의 어린이들

13) 조양 봉황산 운접사탑(朝陽 鳳凰山 雲接寺塔)

마운탑(摩雲塔), 중사탑(中寺塔)

이 탑은 遼寧省 朝陽市 雙塔區 요나라 불교 성지인 鳳凰山에 있는 운접사 경내에 위치하고 있다. 탑은 산의 중턱에 있는 사찰에 세워져 있어 中寺塔이라고도 하며, 평면 4각형의 13층 밀첨식 전탑으로 높이는 약 37m이다.

기단부는 수미단 형식인데 하단은 난간형이고, 그 위는 2단의 연화대좌형으로 구성하였다. 하단의 한가운데 문비를 마련한 점과 모서리마다 신장상을 배치한 점은 특징적이다. 연화대좌로 마련한 상단의 표면에 卍字紋, 法輪紋, 金剛杵 문양을 새긴 점은 요대 탑에서는 보기 드문 사례이다. 1층 탑신은 모서리에 원형으로 기둥을 세우기 위하여 처음부터 정교하게 벽돌을 설계·시공하였음을 알 수 있다. 탑신의 각 면은 금강계 사방불로 동일한 塔像 배치 수법을 보이고 있는데, 한 가운데 삼존불을 배치하고 좌우에 각각 1기씩의 八大靈塔을 부조하였다. 그리고 상부에는 본존불 위에 화려한 천개를 올리고 좌우에 공양비천상을

보수 전 모습

새겼다. 특히 八大靈塔 위에 천개와 한 쌍의 비천상을 새겨 공양의 의미를 더하였다. 팔대영탑 옆에는 位牌形 題額을 마련하여 각각의 탑명을 세로로 음각하였으며, 팔대영탑은 요대의 전형적인 불탑 양식을 보이고 있다. 또한 1층 탑신 표면에 여러 개의 사각형 구멍이 시공되어 있는 것으로 보아 최초에는 목조가구가 있었던 것으로 보인다. 1층 옥개하부에만 두공이 있는 공포부가 마련되었고 2층부터는 받침단으로 처리하였다. 그리고 옥개의 모서리와 처마부 중간에 용두 장식과 풍탁을 달아 장식성을 높였다. 상륜부는 8각 받침대 위에 2중의 연

화좌를 마련하고 다시 복발형 받침을 올려 구성하였다. 탑의 표면에는 회칠을 비롯한 채색 흔적이 남아 있다.

탑은 전체적으로 조양 북탑과 양식적으로 강한 친연성을 보이고 있어 비슷한 시기에 건립된 것으로 보인다. 탑은 朝陽 北塔, 朝陽 南塔, 朝陽 五十家子塔 등과 함께 평면 4각형 밀첨식 양식의 대표적인 요나라 전탑이다.

봉황산 운접사 탑에서 바라본 원경

鳳凰山 입구

鳳凰山 雲接寺 법당 기와

雲接寺 입구 石階

雲接寺에서

14) 조양 오십가자탑(朝陽 五十家子塔)

청봉탑(靑峰塔)

이 탑은 遼寧省 朝陽市 朝陽縣 四管營子鄉 五十家子村에 있는 五十家子小學의 서편 구릉 정상에 위치하고 있다. 탑은 전체적으로 보수의 흔적이 역력하지만 원래의 모습을 잘 간직하고 있으며, 평면 4각형의 13층 밀첨식 전탑으로 전체 높이는 약 36m이다. 탑은 멀리서도 잘 조망되는 위치에 세워 표식적 기능도 있었음을 알 수 있다.

기단부는 여러 단으로 구성된 수미단 형식으로 마련하였다. 각각의 단은 받침형으로 처리하여 구분하였고 각 면에는 안상을 마련하여 그 안에 다양한 불상과 꽃문양 등을 새겨 넣었다. 탑의 기단부에서 주목되는 점은 남쪽 면에 내부로 통할 수 있는 별도의 출입 시설을 마련하였는데, 전돌을 이용하여 목조가구형으로 조성하였다는 것이다. 이와 같이 목조가구형의 별도 출입시설을 마련한 사례는 현존하는 요탑에서는 유일하다. 1층 탑신은 연화대좌 위에 올려 공양의 의미를 분명히 하였다. 탑신 각 면은 동일하게 금강계 사방불의 탑상을 배치하였는

보수 전 모습

데, 한가운데 본존불을 중심으로 좌우에 보살상을 조각하였으며, 각각의 불상 위에는 천개와 공양비천상을 장엄하였다. 그리고 보살상 좌우에는 석당형의 八大靈塔을 부조하였는데, 밀첨식으로 13층이다. 1층 옥개하부에는 두공이 복잡하게 연결된 공포부가 마련되었는데, 한 가운데 배치된 공포부는 주두 위에 첨차가 좌우로 펼쳐지는 모양이다. 이러한 공포부의 구성은 요대 전탑의 공포부에 적용된 전형적인 특징이다. 1층 옥개의 처마부는 겹처마로 구성하였으며, 2층부터는 받침형으로 처리하였다. 각층 옥개의 모서리에는 마루 끝에 소조의 용두 장식과 금속제 풍탁을 달았으며, 각층 옥개의 한 가운데에도 별도의 뺄목

을 마련하여 그 아래에 풍탁을 달았다. 탑신부는 상층으로 올라가면서 조금씩 체감되어 안정감을 주고 있다.

탑은 남면에 목조가구형의 별도 시설이 있지만 기단부와 탑신부의 양식이 조양 북탑이나 조양 운접사탑 등과 양식적으로 유사하여 건립 시기는 큰 시간적 편차가 없을 것으로 보인다.

내부 천정

탑 부근 출토 석불 좌상

15) 조양 봉황산 대보탑(朝陽 鳳凰山 大寶塔)

이 탑은 遼寧省 朝陽市 雙塔區에 있는 봉황산의 주봉 북쪽 능선에 위치한다. 봉황산에 있는 3기의 요대 탑² 가운데 하나로 평면 4각형의 13층 밀첨식 전탑이며 현재 높이는 약 17m이다.

탑의 기단부는 심하게 파손되어 보수되었지만, 최초에는 수미단 형식으로 마련되었음을 알 수 있다. 기단부 표면에는 연화문, 화염문, 음악을 연주하는 도상 등이 조각되어 있었는데 현재는 일부만 남아있다. 또한 연화좌 아래의 표면에는 각 면에 5조씩 말, 코끼리, 새 등 다양한 동물상을 표현하였다. 1층 탑신은 각 면의 도상을 동일하게 표현하였는데, 한가운데 연화좌를 갖춘 불좌상을 조각하였다. 그리고 좌우에 八大靈塔을 1기씩 배치하였으며, 불상과 팔대영탑의 상부에 천개를 각각 장식하였다. 또한 불두 좌우에는 천개와 연결된 공양비천상을 장엄하였으며, 그 아래에 팔대영탑의 이름을 알 수 있도록 제액을 벽비 형태로 마련하였다. 각 면의 탑신 좌우에는 상하로 사각형 구멍을 3개씩 시공하였는데 그 용도는 정확히 알 수 없다. 이 탑은 각 면 탑신에 단독의 불좌상과 그 좌우에 대형에 속하는 팔대영탑을 배치한 점이 특징적이다.

탑은 1층 옥개의 공포부와 지붕부는 전형적인 요대 전탑의 양식을 보이고 있다. 1층과 비교하여 2층 이상의 탑신과 옥개는 급격한 체감율을 보이고 있는

옛 모습(1940년대)

---

2 朝陽 鳳凰山 3塔.
  1. 대보탑(大寶塔:현존), 2. 운접사탑(云接寺塔:현존), 3. 능소탑(凌霄塔:1965년 파손)

데, 이는 다른 요대 탑과 구별되는 특징이다. 2층 이상의 옥개 상부에도 기와를 올렸던 흔적들이 역력히 남아있다. 탑은 기단부의 수미단 양식과 1층 탑신의 塔像 조각 기법 등으로 보아 요나라 불교가 성행했던 시기에 건립된 것으로 보인다.

16) 심양 칠성산 석불사탑(瀋陽 七星山 石佛寺塔)

이 탑은 요녕성 瀋陽市 瀋北新區 石佛寺村 칠성산풍경구에 있는 석불사 남쪽 해발 147m 봉우리의 정상에 위치하고 있다. 탑은 현재 훼손이 심하지만 원래는 평면 6각형으로 구성된 고층 전탑이었음을 짐작할 수 있다.

이곳은 요금시기 雙州古城이 있었으며, 명대에 들어와 봉화대 등 중요한 군사시설이 있었던 것으로 전한다. 오래전부터 주변을 한눈에 조망할 수 있어 군사적으로 중요하게 인식되었다. 그래서 인지 포대가 설치되었던 시설물이 지금도 탑 옆에 남아있다. 탑은 1905년 전쟁 시에 포화로 훼손되었다고 하며, 지금은 대부분 붕괴되어 기단부와 1층 탑신 일부만 남아있다. 탑의 내부는 기단부에서 탑신부까지 벽돌이 가득 채워졌음을 확인할 수 있다. 그리고 1층 탑신 각 면에는 불감을 마련하여 불상을 봉안하였고 그 상부에 공양비천상을 조각하였다. 이러한 것으로 보아 반파되었지만 이 탑이 요나라 전탑 양식임을 알 수 있다.

탑은 地宮에서 출토된 석비의 기록에 의하여 요나라 道宗 咸雍 10년(1074년)에 건립되었을 알 수 있게 되었다.

七星山 石佛寺塔에서

17) 안산 향암사 남탑(鞍山 香岩寺 南塔)

이 탑은 遼寧省 鞍山市 千山區에 있는 향암사의 동남쪽 봉부리 정상에 위치하고 있다. 평면 6각형의 9층 밀첨식 전탑으로 현재 높이는 약 15.7m이다.

기단부는 2단의 수미단 형식으로 구비하였는데 지면 외곽에는 넓게 6각형으로 탑구를 구획하였다. 기단부의 각 모서리에는 신장상을 배치하였고, 각 면은 현재 하단 2개, 상단 3개로 각각 구획하여 그 안에 꽃무늬를 새겼는데 원래는 악기를 연주하는 조각상들이 배치되었던 흔적들이 일부 남아있다. 그리고 수미단의 상부에는 탑신부를 연화좌가 받치고 있는 형상인데, 그 아래에 공포부가 연화좌를 받치도록 구성하여 특징적인 모습을 보이고 있다.

1층 탑신은 불감과 광창을 교차로 배치하였다. 현재 불감이 있는 탑신 면은 파손되어 원래의 모습을 구체적으로 알 수 없지만 한 가운데 아치형 불감을 마련한 후 좌우에 보살입상을 배치하고, 그 위에 천개와 공양비천상을 장엄하였던 것으로

보인다. 지금도 화려한 천개와 공양비천상은 비교적 잘 남아있다. 광창이 있는 탑신 면은 기둥 좌우에 있는 벽선을 중인방으로 연결하고 그 위에 세로 살로 짠 광창을 마련하고, 다시 천개를 장식하였다. 천개 위에는 좌우에 공양비천상을 새겼다. 탑은 전체적으로 간략화된 양상을 보이고는 있지만 탑신의 장엄과 도상 배치 등은 요대 전탑

향암사 북탑(금대탑)

의 일반적인 특징을 보여주고 있다. 1층 옥개 하부의 공포부 조성 수법도 요대 전탑의 특징을 보이고 있다. 탑신 옥개부는 상층으로 올라가면서 조금씩 체감을 보이고 있어 안정된 외관을 형성하고 있으며, 지붕에는 기와를 올려 마무리 하였다. 또한 모서리에는 용두를 장식한 후 그 아래에 풍탁을 달았다.

탑은 요나라 전탑에서는 드문 평면 6각형 전탑이다. 탑의 기단부와 탑신부에는 후대에 중수된 흔적이 역력하지만 부분적으로 남아있는 건립 당시의 모습으로 보아 요나라 때 처음 건립되었던 것으로 추정된다.

안산시 天山지구 전경

안산 향암사 전경

18) 무순 고이산탑(撫順 高爾山塔)

이 탑은 遼寧省 撫順市 順城區 高爾山公園의 정상에 있는 觀音寺 경내에 세워져 있다. 현재 무순시내를 한눈에 조망할 수 있는 고이산에는 고구려 산성(신성)이 축성되었으며, 唐代에는 이곳에 安東都護府가 설치되기도 했다.

탑은 평면 8각의 9층 전탑으로 밀첨식이며, 높이는 약 14m이다. 기단부는 간략화한 수미단 형식이고 1층 탑신은 각 면 한 가운데에 불감을 마련하여 불상을 봉안했던 흔적이 남아있다. 그리고 탑신 상부에 천개와 2구의 공양비천상을 조각하여 요나라 전탑의 전형적 특징을 보여주고 있다. 옥개부는 목조건축을 재현하였는데 후대에 보수되면서 현재는 청나라 전탑의 풍모를 보이고 있다.

1993년 6월 탑 부근에서 요나라 大安 4년(1088년)에 조성된 石經幢이 출토되었다. 이 탑은 여러 차례 보수되면서 수리 흔적이 역력하지만 요나라 전탑 양식을 취하고 있는 것으로 보아 석경당과 비슷한 시기에 건립된 것으로 추정된다.

撫順 高爾山塔 입구 법당 잡상

관음사전경

고이산 탑에서 본 무순시 원경

19) 호로도 흥성 백탑욕탑(葫蘆島 興城 白塔峪塔)

공통산오기원사리탑(空通山悟寄院舍利塔), 팔각영롱탑(八角玲瓏塔),
구룡연탑(九龍烟塔), 흥성백탑(興城白塔)

이 탑은 遼寧省 葫蘆島市 興城市 白塔鄕 塔溝村의 九龍山 남쪽의 구릉에 위치한다. 八角玲瓏塔 또는 九龍烟塔으로도 불린다. 탑이 있는 백탑욕은 요나라 때 불교성지로 海雲寺 승려들의 무덤으로 사용되었다고 한다. 탑은 현재 중창된 中天寺에 있는데, 평면 8각형 13층의 밀첨식 전탑으로 전체 높이는 약 43m이다.

탑은 기단부와 탑신 상부가 많이 보수된 상태이다. 기단부는 평면 8각의 전형적인 수미단 형식으로 마련되었는데 크게 2단으로 구성되었다. 수미단의 1단에는 안상과 연화문이 장식되었고, 2단에는 안상과 연화문뿐만 아니라 모서리에 신장상을 1구씩 배치하였다. 1층 탑신은 다른 층에 비해 상당히 높게 구성한 다음 모서리마다 8각의 기둥을 세웠는데, 그 기둥에는 八大靈塔의 명칭을 세로로 양각하였다. 탑명은 각각 淨飯王宮生處塔, 菩提樹下成佛塔, 鹿野苑中法輪塔, 給孤園中名稱塔, 曲女城邊寶積塔, 耆堵崛山般若塔, 庵羅爲林維摩塔, 娑羅林中圓寂塔이다. 그리고 4면은 불감을 마련하여 금강계 사방불을 중심으로 좌우에 보살상을 배치하고 상면에 불상명을 새겼다. 명문은 남면 寶生如來, 서면 無量壽佛, 북면 不空如來, 동면 阿閦如來이다. 나머지 4면은 한 가운데 연화좌와 이수가 조각된 壁碑를 마련하여, 그 안에 소승의 해탈을 의미하는 諸行無常, 是生滅法, 生滅無已, 寂滅爲樂 등 4자씩의 명문을 새겼다. 그리고 벽비 좌우에는 공양상을 조각하였다. 각 면의 탑신 상부에는 천개와 비천상을 새겨 공양하는 모습으로 장엄하였다. 탑신부는 상

옛 모습

층으로 올라가면서 일정한 체감율을 보이고 있어 안정된 인상을 주고 있다. 그런데 이러한 탑신부 외관은 다른 요나라 전탑에서는 보기 드물다.

탑은 1972년 지궁에서 출토된 비각의 기록에 의하면, 원래의 탑명은 空通山悟寂院舍利塔이며, 요나라 大安 8年(1092년)에 처음 건립되었다고 한다.

20) 호로도 수중 서주왜탑(葫蘆島 綏中 瑞州歪塔)

서주고탑(瑞州古塔), 전위사탑(前衛斜塔), 전위왜탑(前衛歪塔)

이 탑은 遼寧省 葫蘆島市 綏中縣 前衛鎭에 위치하고 있는데, 현재의 탑은 파손이 심한 상태로 12도 정도가 기울어진 상태이다. 이처럼 탑이 기울어지게 된 것은 明 隆慶2년(1568년)에 발생한 지진 때문으로 전한다. 탑은 평면 8각형으로 현재의 높이는 약 10m정도이며, 전체 층수는 알 수 없으나 현재 3층 옥개의 일부까지 남아있어 고층의 밀첨식 전탑이었을 것으로 보인다.

기단부는 요대의 전형적인 양식에 따라 수미단 형식으로 구성하였는데 후대에 보수되면서 원래의 모습에서 많이 변형된 상태이다. 다만 하단부에 안상을 마련한 기법과 상단에 공포부와 연화좌를 마련하여 탑신을 받치도록 한 수법 등은 전형적인 요나라 전탑 양식을 따르고 있다. 기단부에는 원래부터 새겨진 卍字紋과 蓮華紋 등이 일부 남아있으며, 나머지 문양 등은 후대에 보수되면서 새롭게 반영된 요소로 보인다. 1층 탑신은 다른 층에 비하여 상당히 높게 마련한 다음 교차하여 佛龕을 조성하였다. 불

東范家塢塔

감의 상부는 아치형으로 조성하였는데, 그 표면에 당초문을 화려하게 장식하였다. 불감 안에 봉안되었을 것으로 보이는 불상은 남아있지 않다. 그리고 다른 4면에는 벽돌을 조립하여 올린 기둥 형태가 표현되어 있는데, 마모와 파손이 심하여 원형을 알 수 없는 상태이다. 1층 옥개 하부의 공포부도 보수된 흔적이 역력하지만 요나라 전탑의 공포부와 유사하며, 지붕부는 겹처마로 구성하였다. 2층 옥개의 일부가 남아있는데, 하부를 받침형으로 처리하여 1층과 차이

를 보이고 있다. 탑은 기단부와 탑신부에 남아있는 수법과
장식 문양 등으로 보아 요나라 때 처음 건립되었던 것으로
추정된다.

한편 瑞州歪塔처럼 1층 옥개부 이상이 파손되어 남아있
지 않은 전탑으로 河北省 唐山市 玉田縣 林頭屯鄉에 있는 일
명 東范家塢塔이 있다.[3] 두 탑은 모두 전형적인 수미단 형식
의 기단부를 갖추었는데, 1층 탑신은 비교적 잘 남아 있지만
그 이상의 탑신부가 파손된 동일한 모습으로 재미있는 양상
을 보여주고 있다.

---

3 河北省 唐山市 玉田縣 林頭屯鄉에 있는 東范家塢塔은 전형적인
   遼塔이지만 조사하지 못하여 별도의 항목으로 소개하지 않았다.

21) 조양 동평방탑(朝陽 東平房塔)

이 탑은 遼寧省 朝陽市 大平鎭 東平房村 塔子溝의 동남산 정상에 위치하며, 평면 6각형의 밀첨식 전탑이다. 탑은 많이 훼손된 상태로 남아있었는데, 최근에 대대적인 보수가 이루어졌다. 현재는 9층이며 전체 높이는 약 26m이다. 탑은 大陵河가 흐르는 낮은 구릉의 정상에 세워져 넓은 평원을 조망할 수 있어 지리적으로 중요한 지점에 세웠음을 알 수 있다. 또한 멀리 세워져 있는 조양 八稜觀塔이 한 눈에 조망되고 있어 신앙과 함께 표식적 기능의 군사적인 목적도 있었던 것으로 보인다.

탑의 기단부는 크게 보수되었지만 요대 전탑의 전형적인 수미단 형식으로 구성하였다. 현재 기단부의 상부가 잘 남아있는데, 모서리마다 신장상을 배치하고 각 면에는 3개의 안상을 마련하여 그 안에 조각상을 새겨 넣었다. 그리고 그 상부는 연화문을 장식하였으며, 표면에 法輪과 金剛杵 등을 교차하여 새겼는데 이러한 문양은 朝陽 鳳凰山 云接寺 塔에서도 확인되고 있어 주목된다. 1층 탑신은 모서리마다 8각 석주를 세워 각 면을 구분하였으며, 남면은 출입문, 북

옛 모습

면은 문비, 나머지 4면은 삼존불을 배치하였다. 남면은 출입문 좌우에 보살입상을 배치하고 상부에 천개와 공양비천상을 표현하였다. 북면도 문비의 표현만 다를 뿐 남면과 동일한 조각 기법을 보이고 있다. 4면은 한가운데 연화좌위에 금강계 사방불인 불좌상을 조각하고 좌우에 보살입상을 배치하였다. 그리고 불상의 상부에는 각각 천개를 표현하였으며 좌우에 공양비천상을 새겼다. 탑신의 이러한 삼존불 배치와 장엄기법은 요나라 전탑의 일반적인 수법이었다. 1층 옥개는 공포부와 지붕부를 마련하였으며 2층부터는 처마 하부를 받침단으

朝陽 東平房塔 출토 토기

로 처리하였다. 상륜부는 보수 시에 새롭게 만들어
졌다.

　　탑은 요탑에서는 보기 드물게 1층 탑신에 八大
靈塔이 새겨지지 않았으며 평면도 6각형이다. 그
리고 기단부 수미단의 구성 수법과 1층 탑신의 조
각상들로 보아 요나라 시기 중에서 불교가 크게 성
행한 시기에 건립된 것으로 보인다.

22) 호로도 수중 묘봉사쌍탑(葫蘆島 綏中 妙峰寺雙塔)

이 쌍탑은 遼寧省 葫蘆島市 綏中縣 永安堡鄉 塔子溝村에 위치한 묘봉사지 뒤편의 능선 상에 동서(一大一小)로 세워져 있다. 동탑은 평면 8각형이며 9층의 밀첨식 전탑으로 현재 높이는 약 24m이다. 서탑은 평면 6각형의 5층 밀첨식 전탑으로 현재 높이는 약 10m이다. 묘봉사는 淸이 건국된 직후 청나라 병사들이 불을 질러 소실되어 쌍탑만 전해지게 되었다.

동탑 기단부는 수미단 형식으로 모서리마다 신장상을 새기고 각 면에 2개의 안상을 마련하여 그 안에 악기를 연주하는 조각상을 새겨 넣었다. 그리고 그 위에는 2중의 연화문을 장식하고 그 사이에 법륜과 금강저를 새겼는데 이러한 표현 기법은 朝陽 東平房塔과 강한 친연성을 보이고 있다. 1층 탑신은 모서리에 원형 기둥을 세워 구분하였으며 기둥 좌우에는 넓게 벽선을 마련하였다. 탑신 각 면에는 탑신 가운데에 불좌상을 배치하고 그 위에 천개,

옛 모습

연화문, 2구의 공양비천상을 장엄하였다. 4면은 불감을 마련하여 불좌상을 배치하고, 나머지 4면은 불감이 없는 상태이다. 8면 가운데 남면의 좌우측 면에는 제액을 마련하여 좌측면에는 "遼天祚皇帝"라 새기고, 우측면에는 "宣賜舍利塔"이라 새겼다. 옥개는 상층으로 올라가면서 조금씩 체감되고 있으나 좌우 너비는 거의 동일한 모습을 보이고 있다. 1층 옥개 하부에는 공포부를 마련하고 상부에는 기와를 올렸다. 그리고 2층부터는 옥개 하부를 받침단으로 처리하였다. 그런데 지붕 마루부를 높게 돌출시켜 龍頭 장식을 하였으며, 마루부 끝 처

마에도 용두 장식을 하여 특징적이다. 또한 2층 이상의 탑신에는 한 가운데에
銅鏡을 1개씩 부착하였다. 이와 같이 탑신에 동경을 부착한 것은 황제의 관심
과 지원 등 특별한 의미를 부여하기 위한 것으로 보인다.

서탑은 소형으로 요대 전탑 요소를 가지고 있지만 전체적으로 축소 내지는
간략화의 경향을 보이고 있다. 그래서 인지 기단부가 수미단 형식이지만 1단으
로 마련되었으며, 1층 탑신 각 면에 1구의 불좌상과 천개를 새겼다. 탑신부는 1
층 옥개 하부에는 공포부를 마련하였지만 2층부터는 받침단으로 처리하였다.

묘봉사 쌍탑은 후대에 보수되면서 많이 변형된 모습을 보이고 있지만 기본
적으로 요나라 전탑 양식을 따르고 있다.

이중에 동탑은 요나라 天祚皇帝가 아들을
위하여 乾統 年間(1101~1110년)에 세운 것
으로 전해지고 있다. 그리고 서탑은 그 규
모와 양식으로 보아 동탑보다 나중에 건립
된 것으로 보이며, 특정 승려의 墓塔일 가능
성이 높다.

묘봉사 쌍탑 중 동탑

23) 금주 의현 광성사탑(錦州 義縣 廣胜寺塔)

가복사탑(嘉福寺塔)

이 탑은 遼寧省 錦州市 義縣의 縣城 내의 마을 한 가운데에 위치하고 있으며, 嘉福寺塔으로도 불린다. 탑은 평면 8각형 13층 밀첨식 전탑으로 전체 높이는 약 42.5m이다.

탑은 요나라 때 설치된 古城 내에 세워져 있으며, 전체적으로 요나라 전탑 양식을 취하고 있다. 기단부는 수미단 형식으로 기단 상부 각 면 가운데에 사자상을 상당히 크게 조각하였으며, 그 주변으로 악기를 연주하는 공양상을 배치하였다. 그리고 1층 탑신은 하부에 불감을 마련하여 한가운데 본존상을 배치하고, 좌우에 2구의 보살입상을 조각하여 삼존형식을 취하도록 하였다. 또한 불상의 상부에는 천개와 공양비천상을 새겨 요나라 전탑의 일반적인 양식을 보이고 있다. 탑신부의 특징적인 측면은 2중으로 구성된 처마 하부의 공포부를 화려하게 짜 맞추었고, 지붕의 모서리를 살짝 치켜 올려 경쾌한 인상을 주고 있는 점이다. 2012년 대대적인 보수공사가 이루어졌다. 기단부와 1층 탑신의 조각상들로 보아 전형적인 요나라 전탑임을 알 수 있었다.

보수공사 모습

보수공사 전 모습

금주 의현 광성사탑 입구 마을

탑은 전하는 바에 의하면, 요나라 開泰 年間(1012~1021년)에 세워졌다는 설과 요나라 乾統 7년(1107년)에 건립되었다는 두 가지 견해가 있다.

금주 의현 광성사탑 입구

24) 심양 신민 요빈탑(瀋陽 新民 遼濱塔)

이 탑은 遼寧省 瀋陽市 新民市 公主屯鎭의 古城이 있었던 遼濱村에 위치하고 있다. 평면 8각형의 13층 밀첨식 전탑으로 현재 높이는 약 42m이다.

탑의 기단부는 여러 단으로 구성된 수미단 형식이며 기본적으로는 요나라 전탑 양식을 따르고 있다. 그런데 세부적으로는 후대에 보수되는 과정에서 많이 변형된 모습이다. 그리고 1층 탑신은 각 면의 하부에 불감을 마련하여 좌우에 보살입상을 조각하였으며, 그 위에는 천개와 공양비천상을 새겼다. 탑신의 이러한 조각 기법은 요나라 전탑의 일반적인 양식이었다. 또한 탑신 면의 여러 곳에 사각형 구멍이 시공되어 있는 것으로 보아 특별한 용도의 목조가구가 설치되었던 것으로 보인다. 탑신은 원래의 모습을 가장 잘 유지하고 있다. 2층 이상의 옥개도 보수되기는 했지만 요나라 전탑 양식을 보이고 있으며, 탑신 각 면에는 3개의 동경을 부착하였다. 탑은 1993년 8월 地宮이 발견되었으며, 9월에는 불감을 조사하는 과정에서 中宮이 설치된 것이 확인되었다. 중궁 안에는 스님의 사리를 안장하고 함께 공양물로 넣은 목탁과 목함 등 다양한 유물이 수습되었다. 그리고 목함 주위에서는 향로, 염주 등도 발견되었다.

현재의 탑은 크게 보수된 흔적이 역력하고 명나라 전탑 양식을 다분히 함유하고 있지만 수미단 형식의 기단부와 1층 탑신부에 조각된 삼존불과 천개

등으로 보아 요나라 전탑임을 알 수 있다. 관련 기록에 의하면 乾統 10년(1110년)에 건립된 것으로 알려져 있다. 그리고 이 탑은 요나라 때 스님의 사리탑도 佛塔과 동일한 규모와 양식으로 건립되었음을 알 수 있는 자료이다. 현재 탑에서 가까운 곳에 용도를 알 수 없는 귀부가 남아있으며, 이 탑과 관련하여 詩도 전해지고 있다("遼濱夕照映霞天 低云蒼穹看倪端 乳燕盘旋塔中戲 動鈴惊飛走角檐"). 또한 이 탑에서 가까운 곳에 武厲羅城이 있는데, 고구려의 토성 유적으로 알려져 있다.

新民 遼濱塔 重修碑(1997년)

25) 조양 능원 십팔리보탑(朝陽 凌源 十八里堡塔)

유주요탑(榆州遼塔)

옛 모습

이 탑은 遼寧省 朝陽 凌源市 城關鎭 十五里堡村 十八里堡 屯에 위치한다. 평면 8각형의 7층 밀첨식 전탑으로 높이는 약 24m 내외이다. 이 지역은 대릉하 유역으로 요나라 때 榆州가 설치되었으며, 지금도 榆樹城址가 남아있다.

탑은 최근에 대대적인 보수가 이루어져 기단부의 원래 모습은 알 수 없지만 수미단 형식이었을 것으로 보인다. 1층 탑신은 연화좌 위에 마련되었는데, 모서리마다 원형기둥을 세워 구분하였다. 탑신 각 면은 한 가운데 佛龕을 마련하여 그 안에 금강계 사방불인 불좌상을 안치하였고, 좌우에는 입상의 보살상을 배치하여 삼존불 형식을 취하도록 하였다. 그리고 그 상부에 天蓋를 장식하고, 2구의 공양비천상을 장엄하였다. 천개와 공양비천상 사이에는 4개의 銅鏡을 부착하였다. 이와 같이 탑신 각 면에 여러 개의 동경을 부착한 경우는 사례가 드물다. 또한 용도를 정확히 알 수 없는 사각형 구멍이 상하에 시공되어 있다. 요대 전탑에서 1층 옥개는 일반적으로 다른 층에 비하여 좌우 너비가 넓게 마련되어 강조되는데, 이 탑은 1층부터 상층으로 올라가면서 조금씩 체감하여 일반적인 요대 전탑의 외관과는 다소 차이를 보이고 있다. 다만 1층 옥개의 하부만 공포부를 마련하고 2층 옥개부터는 받침단으로 처리하여 일반적인 요나라 전탑 양식을 따르고 있다. 2층 이상의 탑신 각 면에도 1개씩의 동경이 부착되어 있다. 상륜부는 8각형 받침대 위에 2단의 연화좌와 찰주를 마련하여 여러 부재를 고정하였다. 탑은 요나라 태종 때(926~947년) 설치된 유주에 위치하고 있으며, 1층 탑신에 새겨진 조

각상들의 기법으로 보아 요나라 불교 전성기 때 건립되었음을 알 수 있다.

26) 요양 백탑(遼陽 白塔)

이 탑은 遼寧省 遼陽市 白塔區 中華大街의 백탑 공원 안에 위치하고 있다. 현재 공원 안에는 廣佑寺가 새롭게 중창되어 있다. 탑은 평면 8각형으로 13층의 밀첨식 전탑이며, 현재 높이는 약70m로 대형에 속한다.

탑은 높은 축대 위에 건립되었는데 기단부는 수미단 형식이며, 탑신부에서 1층 탑신은 다른 층에 비하여 현격하게 높게 하였고, 2층부터는 탑신을 낮춘 밀첨식으로 구성하였다. 수미단에는 벽돌을 돌출시켜 8괘를 표현하였고, 그 위에 연화문과 보살상 등 다양한 문양을 새겼다. 그리고 수미단의 상단은 하부에 공포부가 마련된 난간 형식으로 구성하였다. 1층 탑신은 하부에 불감을 마련하여 그 안에 불상을 안치하고 좌우에 보살입상을 배치하였다. 각 불상에는 천개를 올리고 그 위에 공양비천상을 새겼다. 또한 각 불상의 상부와 공양비천상 사이에는 여러 개의 동경을 부착하였다. 옥개부는 고층으로 구성되었지만 상층으로 올라가면서 조금씩

옛 모습

체감되고 있어 안정감을 주고 있다. 상륜부는 연화좌 위에 원형의 받침대를 마련하여 찰주를 세운 후 여러 부재들을 올렸으며, 철끈을 최상층 지붕 모서리와 연결하여 견고하게 고정하였다.

이 탑은 《遼陽縣志》에는 唐代에 중수되었다고 기록되어 있기도 하다. 한편 「重修遼陽城西廣佑寺寶塔記」(1424년)에 의하면, 탑과 관련하여 '寶塔蓋自遼所建 金及元時皆重修'라고 기록되어 있어, 이 탑이 요나라 때 初建되어, 金代와 元

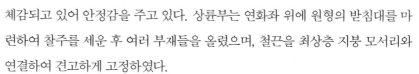

代에 크게 중수되었음을 알 수 있다. 이후 명·청대에도 중수되었는데, 청나라 光緖 26년(1900년)에 파손된 것을 1989년부터 대대적인 보수 공사가 실시되었으며, 2002년에도 중수가 있었다고 한다. 1989년 보수 시 탑의 꼭대기 보주 내에서 '天上天下唯我獨尊'의 탄생불이 출토되기도 했다고 한다. 탑은 보존상태가 양호하며 원래의 모습을 잘 간직하고 있어 요녕성 지역의 佛塔史를 연구하는데 귀중한 자료이다. 많은 유물들이 탑에서 수습되어 현재 遼陽博物館에 소장되어 있다.

요양박물관 소장 요양 백탑 출토유물

금동불좌상

동경

만력4년명 벽돌

천불상비

27) 금주 북진 숭흥사쌍탑(錦州 北鎭 崇興寺雙塔)

북진쌍탑(北鎭雙塔)

　이 쌍탑은 遼寧省 錦州 영역인 北鎭市의 崇興寺 경내에 위치하는데, 동서로 약 40m 거리를 두고 세워져 있다. 쌍탑은 평면 8각형의 13층 밀첨식 전탑으로 동탑의 높이는 약 44m, 서탑의 높이는 약 43m이다.

　두 탑은 동일한 양식을 보이고 있으며, 수미단의 규모로 보아 최초 건립 시 대형 전탑으로 건립되었음을 알 수 있다. 동탑의 기단부가 비교적 잘 남아있는데, 여러 단으로 구성된 수미단 형식이다. 하단은 각 면에 3개의 안상을 새긴 후 그 안에 사자상을 높게 돌출시켜 조각하였다. 중단은 모서리마다 기둥 좌우에 신장상을 새기고, 각 면에 3개의 안상을 마련한 후 그 안에 불보살상을 새겼다. 그리고 불보살상 좌우에 공양상을 배치하였다. 상단은 하부에 공포부를 마련한 난간형식으로 구비하였으며, 그 위에 연화좌를 마련하여 탑신을 받치고 있다. 탑신부는 전체적으로 보수의 흔적이 역력한데 1층 탑신의 천개와 공양비천상 일부는 최초 건립 당시의 것으로 보인다. 또한 탑신 하부에 불감을 마련하여 불좌상을 안치하고 좌우에 보살입

옛 모습

숭흥사쌍탑 중 동탑

상을 배치하였는데, 많이 보수되었지만 원래의 모습을 비교적 잘 간직하고 있는 것으로 보인다. 2층 이상의 탑신도 부분적으로 요나라 전탑 요소를 보이고 있지만 보수하는 과정에서 상당부분 변형된 것으로 보인다. 상륜부도 연화대와 원형의 받침대가 마련되어 있다. 서탑도 동탑과 동일한 양상을 보이고 있다.

숭흥사 쌍탑은 明 萬曆 28년(1600년)에《重修崇興寺塔記》석비가 건립된 것으로 보아 이 시기를 전후하여 탑이 중수되었음을 알 수 있다. 탑은 후대에 들어와 대대적인 보수가 이루어져 원래의 모습을 많이 잃었지만 기단부의 수미단 형식과 1층 탑신의 천개와 공양비천상 등 전체적인 외관과 양식 등으로 보아 요나라 때 건립된 전탑임을 알 수 있다. 탑은 遼代에 처음 건립되어 元, 明, 淸代에 지속적으로 수리되었다고 한다.

숭흥사 중수비

숭흥사 동자승

28) 호로도 남표 안창현탑(葫蘆島 南票 安昌峴塔)

안창현사리탑(安昌峴舍利塔)

이 탑은 遼寧省 葫蘆島市 南票區 暖池塘鎭 安昌峴村의 동쪽에 있는 낮은 구릉 끝 지점에 위치하고 있다. 멀리서도 잘 조망되는 구릉 위에 세운 것으로 보아 표식의 기능도 있었던 것으로 보인다. 탑은 평면 8각형 7층의 밀첨식 전탑이며, 전체 높이는 약 18m정도이다.

현재 탑의 많은 부분이 보수되어 기단부는 일부만 원래의 모습을 간직하고 있다. 기단부는 수미단 형식으로 높게 마련하였으며, 모서리에 신장상을 새기고, 2단의 연화좌 위에 탑신부를 올렸다. 1층 탑신 4면은 불감을 마련하여 불좌상을 1구씩 안치했던 것으로 보이며, 나머지 4면은 보살입상을 2구씩 배치하였다. 불감이 마련된 상부에는 공양비천상이 천개를 받들고 있는 형상이며, 다른 면은 보살입상 위에 넓은 천개를 새기고 그 위에 2구의 비천상이 공양하는 모습이어서 서로 다른 천개와 공양비천상의 표현 기법을 보이고 있다. 1층 탑신의 모서리에는 높게 원형 기둥이 있고 그 위에는 좌우로 펼쳐진 형태의 공포부가 올려 있다. 1층 옥개의 처마는 겹처마로 구성되었으며, 2층 옥개부터는 받침단으로 조성하였다.

이 탑은 1층 탑신부에 새겨진 조각상과 공포부의 구성 수법 등으로 보아 요대에 처음 건립된 것으로 보인다. 그리고 바로 옆에 건립되어 있는《舍利塔重修碑》(金 天德 4년, 1152년)에 의하여 탑이 금나라 때 중수되었음을 알 수 있다. 그래서인지 옥개부가 금나라 전탑의 요소를 보이고 있다. 그 이후에도 여러 번 중수되어 오늘에 이르고 있다.

옛 모습

탑은 기본적으로 밀첨식 양식이지만 다른 밀첨식 전탑에 비하여 2층 이상의 탑신을 높게 구성하였고, 탑신 각 면에는 별도의 목조 가구를 시설하였을 것

으로 추정되는 2개의 사각형 구멍을 시공한 점은 주목된다. 또한 옥개의 좌우 너비는 상층으로 올라가면서 체감율이 높은 점은 특징적이다.

사리탑 중수비와 安昌峴村   탑에서 본 安昌峴村 전경

29) 호로도 흥성 마석구탑(葫蘆島 興城 磨石溝塔)

이 탑은 요녕성 葫蘆島市의 현급 興城市 紅崖子鄉 二道溝
村 磨石溝에 위치하고 있는데, 이 일대는 大悲閣寺가 있었던
것으로 추정되고 있다. 현재 탑은 상당히 깊은 골짜기에 위치
하고 있어 접근이 어려운 편이다. 탑의 평면은 8각이며 9층의
밀첨식 전탑으로 현재 높이는 약 17.4m이다.

탑의 기단부는 원래 수미단 형식으로 구비되었을 것으로
보이지만 보수하는 과정에서 그 높이가 낮아진 것으로 보인
다. 현재는 낮은 받침부와 2단의 연화좌가 마련되어 탑신부
를 받치고 있다. 1층 탑신은 모서리에 원형기둥을 세워 8각
형으로 구성하였는데, 4면은 아치형의 문비를 마련하였고,
나머지 4면은 龜趺와 螭首가 부조된 壁碑를 새겼다. 문비가
마련된 탑신 면은 문비 좌우에 합장하고 있는 조각상을 배치
하였고, 문비 상부에는 영락과 띠 매듭으로 화려하게 장식된
천개를 올렸다. 벽비가 새겨진 면은 비신 면에 한 글자씩
〔oṃ〕자 등의 梵字를 새겼으며, 이수 위에는 공양비천상을
조각하였다. 1층 옥개 하부에는 공포부가 마련되었으며, 2층부터는 받침단으
로 처리하였다. 지붕부는 녹유기와를 올려 마무리 하였으며, 2층 이상의 탑신
각 면에는 2개씩 동경을 부착하였다. 상륜부는 노반으로 보이는 8각형의 받침
대만 남아있다.

옛 모습

탑은 金代塔으로도 추정되지만 기단부 수미단 상부의 연화문과 1층 탑신의
표현 기법으로 보아 요대에 처음 건립된 이후 금대에 크게 중수된 것으로 추정
된다. 탑은 1963년과 1977년에도 대대적인 보수가 이루어졌다고 한다. 현재 이
탑은 지리적인 위치와 범자를 새긴 점 등으로 보아 고승의 사리탑일 가능성이
높은 것으로 짐작되고 있다.

〔om〕자 벽비

30) 안산 해성 은탑(鞍山 海城 銀塔)

이 탑은 遼寧省 鞍山市에 속한 海城市 接文鎭 塔子溝村에 있는 산기슭에 위치하고 있다. 탑 아래에는 요·금시기에 크게 번창했던 銀塔寺가 있던 곳으로 전해지고 있는데, 현재는 작은 규모의 사찰이 있다. 관련기록에 의하면, 은탑사에는 명·청대에 많은 스님들이 머물며 수행을 했던 것으로 전해진다. 이후 사찰이 문화대혁명 때 폐사되었다고 한다. 탑은 평면 6각형의 9층 밀첨식 전탑으로 현재 높이는 약 15.6m이다.

탑의 기단부는 수미단 형식인데 하부에 넓게 받침부를 두었으며, 그 위에 난간형 받침대와 연화좌를 마련하여 탑신부를 받치도록 하였다. 난간형 받침대 표면에는 卍字紋과 雙魚紋 등 다양한 문양을 장식하였다. 1층 탑신은 모서리마다 6각형 기둥을 세워 구획하였으며, 각 면의 한가운데에 불감을 마련하여 불상을 안치한 흔적은 있으나 현재 불상은 남아있지 않다. 다만 좌우에 보살입상을 조각하여 삼존불이 배치되었음을 알 수 있다. 그리고 그 위에는 천개와 공양비천상을 새겨 장엄하였다. 그런데 천개와 공양비천상의 표현기법이 섬세하지 못하고 다소 조잡한 측면을 보이고 있다. 이러한 측면은 이 탑의 건립시기를 요대가 아닌 금대로 보이게 하는 요소이기도 하다. 탑신부는 옥개의 좌우 너비가 상층으로 올라가면서 조금씩 체감되고 있으며, 1층 옥

개하부는 공포부로 구성하였고 2층부터는 받침단으로 처리하였다. 지붕부는 기와를 올려 마무리 하였다. 상륜부는 평면 6각형의 받침대와 연화대만 남아 있다.

탑은 海城 三塔 중에 하나로 요대 또는 금대에 건립된 것으로 추정되고 있는데, 전체적인 양식으로 보아 요나라 말기에 건립되었을 가능성이 높은 것으로 추정된다.

鞍山 海城 鐵塔(金代)

31) 조양 황화탄탑(朝陽 黃花灘塔)

이 탑은 遼寧省 朝陽市 龍城區 大平房鎭 黃花灘村 서쪽에 있는 塔山 정상에 위치하는데, 이곳은 요나라 建州城址로 알려져 있다. 탑은 평면 8각 13층의 밀첨식 전탑으로 현재 높이는 약 32m이다.

탑의 기단부는 높은 대좌를 마련한 평면 8각의 수미단 형식이다. 하단은 각 면 좌우에 안상(壺門)을 깊게 새긴 후 한 가운데를 독특하게 조형하였는데, 이러한 형상(臥蟾)은 요나라 탑 가운데 이 탑에서만 보이는 특징이다. 상단은 각 면에 2개의 안상을 마련하여 그 안에 1구씩의 공양좌상을 조각하였다. 수미단의 상부는 연주문과 여러 단의 연화좌를 마련하여 탑신부를 받치고 있다. 1층 탑신은 모서리마다 원형 기둥을 세웠는데, 정면은 내부로 통하는 아치형의 문비를 마련하였고 나머지 7면은 佛立像을 조각하였다. 정면은 문비 상부 한가운데에 천개를 중심으로 좌우에 비천상을 배치하였으며, 기둥 상부를 잇는 창방 바로 아래에 크기가 서로 다른 동경 5개

옛 모습

를 부착하였다. 그리고 나머지 7면은 한가운데 부조의 여래 입상을 조각하였으며, 화염문을 돌린 두광 상부에는 천개를 장엄하였다. 또한 천개 상부에 좌우로 2개씩 모두 4개의 동경을 부착하였다. 불상이 새겨진 면에는 두광 높이에 명문을 새겼는데, 시계방향으로 劉節度兼, 劉中節度, 劉安禮賓, 王俊臣, 王君才, 叚化叚阿李, 李佳祥 등이 확인된다. 1층 탑신 상부에는 다포형의 공포를 마련하였으며, 옥개는 목재로 된 부연과 서까래로 겹처마를 구성하고 기와지붕을 올렸다. 2층 이상의 탑신은 낮게 마련하여 각 면에 2~3개의 동경을 부착하였고,

공포부를 5단의 받침으로 구성하였다. 각층 옥개부의 모서리는 사래를 길게 빼어 용두를 장식하고 그 하부에 풍탁을 달았다. 상륜부는 연꽃잎 형태의 노반과 원형의 받침대를 마련한 후 보주 등 금동으로 제작된 원형의 장식물을 단 찰주를 세웠다.

1773년 편찬된《塔子溝紀略》이라는 책에는 당시 이 탑에 대한 현황이 자세히 기술되어 있다. 탑은 여러 번 수리된 것으로 보이지만 원래의 모습을 잘 간직하고 있는 전형적인 요나라 전탑 양식을 보이고 있으며, 2012년 봄에 보수하면서 표면에 회칠을 하여 白塔이라고 불리고 있다.

建州城 원경

32) 요양 탑만탑(遼陽 塔灣塔)

이 탑은 遼寧省 遼陽市 遼陽縣 甜水鄕 塔灣村의 속칭 塔灣山에서 흘러내린 능선 끝자락에 위치하는데, 평면 8각 7층의 밀첨식 전탑으로 현재 높이는 약 18m이다. 탑이 있는 능선 아래쪽에는 아직도 퇴락한 사찰 유적이 있다.

기단부는 각종 불보살상과 공포부로 구성된 수미단을 마련하여 탑신을 받치도록 하였다. 1층 탑신은 평면 8각형인데 모서리마다 8각형 기둥을 세워 각 면을 구획하였다. 기둥 아래에 연꽃무늬가 새겨진 기둥받침을 마련한 점은 독특하다. 1층 탑신 각 면은 높은 대좌를 마련하여 서로 다른 불좌상을 배치하였다. 그리고 불상 위에 2구의 비천상을 새기고 화려한 천개로 장엄하였다. 1층 탑신 상부는 다양한 형태의 벽돌을 짜 맞추어 화려한 공포부와 함께 겹처마를 구성하였는데, 서까래 마다 풍탁을 달았다. 옥개의 상부는 벽돌을 활용하여 여러 단으로 구성하였다. 2층 이상의 탑신은 상당히 낮게 마련하였고, 낙수면을 여러 단으로 구성한 점은 특징적이다. 2층 옥개부터는 모서리마다 사래를 설치하여 풍탁을 달았으며, 상륜부는 새롭게 보수되었다.

탑은 전체적인 구성과 기법 등이 金나라 탑의 양식을 보이고 있다. 그런데 기단부에 새겨진 조각상과 탑신부의 목조 건축적 요소들은 요나라 탑의 요소도 함께 보이고 있다. 이러한 것으로 보아 이 탑은 요나라 때 처음 건립되었는데 어떠한 이유로 파손되자 금나라 때에 와서 크게 중건된 것으로 추정되고 있다.

33) 금주 의현 팔탑자탑(錦州 義縣 八塔子塔)

이 탑들은 遼寧省 錦州市 義縣 前楊鄕 八塔村 八塔寺에 있는 八座山의 각 봉우리에 나란히 세워져 있다. 현재 遼代八塔 또는 八塔子 등으로도 불린다. 보수된 흔적들이 역력하게 남아있다. 탑들의 평면은 정방형, 오각형, 육각형, 팔각형, 십면형 등으로 다양하며, 높이도 2~4m 정도로 다양하다.

탑들은 요나라 八大靈塔의 명칭에 따라 입구에 있는 1호 탑은 淨飯王宮生處塔(정방형), 2호 탑은 菩提樹下成佛塔(정방형), 3호 탑은 鹿野苑中法輪塔(부등변 육각형), 4호 탑은 給孤園中名稱塔(십각형), 5호 탑은 曲女城邊寶積塔(팔각형), 6호 탑은 耆堵崛山般若塔(육각형), 7호 탑은 庵羅衛林維摩塔(정방형), 8호 탑은 婆羅林中圓寂塔(정방형)으로 불리고 있다. 특히, 2호 탑의 이름은 葫蘆島興城 白塔峪塔에서 발견된 탑명과 정확히 일치하고 있다. 그리고 7호 탑과 8호

1호탑

2호탑

3호탑

4호탑

5호탑

6호탑

7호탑

8호탑

탑은 훼손되어 남아있지 않았었는데, 1984년에 각각 1호 탑과 2호 탑을 모방하여 새롭게 건립하였다.

이 탑들은 요나라 聖宗 연간(982~1031년)에 부처님의 일대기를 기념하여 세운 탑으로 전해지고 있으며, 奉國寺의 가람이 조영될 때 건립되었다고 한다. 탑들이 최근에 와서 많이 보수되었지만 소형의 요나라 탑파 양식을 간직하고 있으며, 부처님의 일대기에 따라 여러 기의 탑을 한 장소에 건립하였다는 점에서 주목된다. 또한 각각의 탑을 각기 다른 봉우리에 건립한 점도 특징적이다.

八塔寺 전경

34) 금주 능해 반길화탑(錦州 凌海 班吉花塔)

이 탑은 遼寧省 錦州의 凌海市 班吉塔鎭 盘古山 기슭의 작은 사찰에 위치하고 있으며, 기단부와 1층 탑신부는 평면 8각이며 옥개 위는 평면 원형의 花塔 式으로 구성되어 있다. 1988년과 2011년 두 차례에 걸쳐 보수가 이루어졌으며, 현재 탑의 전체 높이는 약 11m이다.

기단부는 평면 8각의 수미단 형식으로 상부에 연화문이 새겨졌다. 그리고 탑신부는 1층으로 구성되었는데, 모서리마다 초석과 주두를 올린 8각형 기둥을 세워 8각으로 구획하였다. 탑신 각면에는 광창과 연화문을 교차로 배치하였다. 옥개는 하부에 공포부를 구성하고 처마는 원형 서까래와 사각형 부연이 표현된 겹처마로 구성하였다. 또한 옥개 상부에 암막새와 수막새 등 기와를 올려 목조 건축물의 지붕부를 충실하게 재현하였다. 옥개 위에 평면 8각의 받침을 마련하여 만개한 연화문 위로 5단의 원통형 받침대를 두었으며, 각 단마다 금색의 소형불상 여러 구를 배치하였는데, 모두 합장 공양하는 모습이다. 상륜부에도 연화좌가 마련되어 있으나 훼손되어 원래의 모습은 알 수 없다.

탑은 중국 동북지역의 유일한 花塔으로 관련 기록에 의하면, 요나라 淸寧 4년(1058년)에 건립된 것으로 전하고 있다.

탑 주변에 있는 벽돌

35) 조양 쌍탑사 동탑(朝陽 雙塔寺 東塔)

이 탑은 遼寧省 朝陽市 朝陽縣 木頭城子鎭 鄭杖子村에 위치한 쌍탑사 외곽의 절벽에 세워져 있으며, 서탑과는 약 23m 가량 떨어져 있다. 탑의 높이는 약 11m 이다. 쌍탑사는 遼代에 창건되었으며, 淸代에 크게 중창되었다가 문화대혁명 시기에 폐사되었으나 최근에 다시 재건되었다.

탑은 암벽 바로 아래에 형성된 암반을 기단으로 삼아 세운 평면 8각의 단층 亭閣式 전탑이다. 기단은 단층의 수미단 형식으로 마련되었는데 중대의 너비를 좁게 하여 불상 대좌의 양식을 취하고 있다. 중대의 각 면에는 깊게 안상을 마련하여 迦陵頻迦 등 다양한 조각상을 배치하였다. 1층 탑신 정면은 아치형의 문비가 있는 내부로 통하는 龕室을 마련하였으며, 후면은 문비를 마련하고 眞言陀羅尼를 朱書하였다. 그리고 2면은 광창을 마련하고 나머지 4면에는 금강계 사방불인 불좌상을 조각하였다. 불상은 연화좌 위에 화려한 법의를 걸치고 있으며, 머리에 보관과 함께 반원형의 천개로 장엄되어 있어 세련된 요대 양식을 보이고 있다. 1층 탑신은 모서리에 원형기둥을 세워 각 면을 구획하고 기둥 위에만 공포를 구성하였다. 처마부 모서리에는 사래를 길게 빼어 용두를 장식하고 풍탁을 달았다. 옥개 위에는 2단으로 구성된 연화좌를 마련하여 상륜부를 받치도록 하였다. 상륜부는 寶輪을 13단으로 높게 올린 다음 연화좌 위에 원형 보주를 올려 마무리 하였다.

탑은 소형에 속하지만 전체적으로 요나라 탑의 양식이 잘 반영되어 있다.

雙塔하 전경

36) 조양 쌍탑사 서탑(朝陽 雙塔寺 西塔)

이 탑은 쌍탑사의 동탑과 나란히 세워져 있으며, 평면 8각형의 누각식 3층 전탑으로 높이는 약 13m이다.

기단부는 낮은 수미단 형식으로 모서리마다 사각형 기둥을 세웠으며, 각 면에 2중으로 안상을 마련하여 그 안에 사자상을 조각하였다. 수미단 상부에는 3단으로 연화좌를 마련하여 탑신부를 받치도록 하였다. 1층 탑신은 정면에 내부로 통하는 문이 마련되어 있으며, 나머지 면에는 八大靈塔을 새겼다. 팔대영탑은 평면 4각형의 3층탑으로 1층 탑신에 감실을 마련하여 불상을 안치했던 흔적이 남아있다. 그리고 팔대영탑 상부에는 사각형의 벽공을 시공하여 탑을 보호하는 시설물을 가설하였던 것으로 추정되며, 탑의 상륜부 좌우에는 감실이 마련되어 있다. 1층 탑신 상부에는 화려한 공포부가 구성되어 있는데 하부에 별도의 단을 마련한 후 그 위에 주심포양식의 공포를 올려 독특한 결구 수법을 보이고 있다. 옥개의 하부는 겹처마로 모서리마다 사래를 길게 빼어 용두로 장식하고 그 아래에 풍탁을 달았다. 옥개 상부는 기와를 올려 마무리하였으며, 마루 끝에도 용두 장식을 하였다. 2층은 하부에 연화받침을 마련한 후 낮은 탑신과 옥개로 구성하였으며, 3층은 탁자형 받침 위에 낮은 탑신과 옥개를 올렸다. 상륜부는 연화좌 위에 원구형 복발과 보륜형 상륜을

올려 마무리하였다.

    탑은 규모는 작지만 세부 기법과 양식들이 전형적인 요나라 전탑 양식을 보이고 있으며, 1층 탑신에 정연하게 새겨진 팔대영탑은 귀중한 자료로 평가된다. 현재 쌍탑사에 건립되어 있는 쌍탑은 위치와 규모, 탑에서 가까운 곳에 승려들의 무덤 동굴이 조성되어 있는 것으로 보아 스님의 사리탑일 가능성이 높다.

쌍탑사 승려들의 무덤으로 전해지는 동굴(墓穴)

37) 조양 객좌 대성자탑(朝陽 喀左 大城子塔)

정엄사탑(精嚴寺塔), 정엄선사불탑(精嚴禪寺佛塔)

옛 모습

이 탑은 遼寧省 朝陽市 喀喇沁左翼蒙古族自治縣(喀左縣) 大城子鎭에 있는 喀左縣高級中學 古塔分校 내에 위치하고 있다. 이곳은 精嚴禪寺가 있었던 자리로 사찰이 폐사되자 祠廟로 활용되었다고 한다. 그리고 청대인 1780년에 탑의 기단부를 수리하고 그 앞에 높게 단을 마련하여 비를 세우고 靈官殿을 건립하였다. 탑은 원래 7층이었는데, 현재는 상당부분 보수가 이루어져 평면 8각의 8층 밀첨식 전탑으로 전체 높이는 약 40m이다.

기단부는 3단의 수미단 형식을 이루고 있으며, 표면에 악기를 연주하는 조각상과 사자상들을 배치하였다. 탑신부의 1층과 2층은 탑신을 높게 조성한 樓閣式이며, 3층 이상은 밀첨식으로 하여 독특한 조영기법을 보이고 있다. 1층과 2층 탑신은 모서리마다 원형기둥을 세웠으며, 4면에는 내부로 통하는 문비를 마련하고 나머지 4면에는 2구씩의 입상을 조각하였다. 2층 탑신은 독특하게 하부에 공포가 마련된 받침부를 두었다. 그리고 각층 옥개는 목조건축의 공포와 기와 등을 그대로 모방하였으며, 합각부 모서리에는 용두장식과 그 아래에 풍탁을 달았다.

탑은 초건된 이후 여러 번 수리된 것으로 보이는데, 현재 탑의 구조와 양식 등으로 보아 명대와 청대에 크게 중건된 것으로 보인다. 이 탑의 건립 시기에 대해서는 다양한 견해가 있는데, 기단부의 조각상들과 1층과 2층의 불상 양식 등으로 보아 요대에 처음 건립되었을 가능성이 높은 것으로 추정된다.

喀左中學 입구

大城子塔 조사

38) 철령 은주 철령백탑(鐵嶺 銀州 鐵嶺白塔)

이 탑은 鐵嶺市 銀州區 鐵嶺城 西北의 圓通寺 경내에 위치하고 있어 圓通寺塔으로도 불린다. 탑은 철령 지역에서는 가장 오래된 탑으로 명대에 크게 파손되자 1591년 遼東摠兵 李成梁의 부인이 후원하여 보수하였다. 탑은 평면 8각의 13층 밀첨식 전탑으로 높이는 약 32m이다.

기단부는 높게 2단 형식인데 좌우 너비가 좁은 중대에는 모서리마다 조각상을 배치하였고, 각 면에 3개씩의 사각형 감실을 마련하였다. 그리고 각 면의 가운데 감실에는 風-調-雨-順-國-泰-民-安을 한 글자씩 새겨 넣었으며, 좌우 감실에는 보상화문을 장식하였다. 1층 탑신은 다른 층에 비하여 상당히 높게 구성하여 각 면에 대좌가 마련된 불좌상을 1구씩 배치하였다. 그리고 머리 위에는 화려한 천개를 중심으로 좌우에 1구씩의 비천상을 장엄하였다. 옥개의 처마 하부는 다포식의 복잡한 공포부를 비교적 정연하게 배치하였으며, 처마면을 높게 올려 각 면마다 3개씩의 동경을 부착하였다. 2층 이상의 탑신은 밀첨식으로 구성하였으며, 처마 하부를 받침단으로 처리하고 상단부에 3개의 동경을 매달았다. 옥개의 지붕 위에는 실제 기와를 올려 마무리하였으며, 상륜부는 후대에 새롭게 올렸다.

옛 모습

탑은 1975년 지진으로 인하여 큰 피해를 입었고, 1987년 대대적인 수리가 이루어졌다고 한다. 그리고《重修圓通寺塔記》에 의하면, 당대에 초건된 것으로 기록되어 있으나 그대로 믿기 어려우며, 요대에 들어와 새롭게 건립된 것으로 보인다. 한편 금대에 건립되었다는 견해도 있다.

철령박물관 소장 철령 백탑 출토유물

동경

풍탁

39) 호로도 남표 쌍탑구탑(葫蘆島 南票 雙塔溝塔)

용탑(龍塔), 남탑(南塔)

이 탑은 요녕성 葫蘆島市 南票區 沙鍋屯鄉 雙塔溝村에서 남쪽으로 500m가량 떨어진 大塔山 봉우리 정상에 위치한다. 탑은 평면 6각형의 밀첨식 7층 전탑으로 높이는 약 11.2m이다. 원래는 이곳에 쌍탑이 건립되어 있었는데, 훼손되고 이 탑만 남아있다.

기단부는 훼손되어 붕괴되지 않도록 보수한 상태이지만 원래는 수미단 형식이었을 것으로 보인다. 1층 탑신은 다른 층에 비하여 상당히 높게 마련하였으며 각 면에 아치형 불감을 마련한 후 불보살상을 배치하였을 것으로 보이지만 현재는 남아있지 않다. 감실 상부에는 좌우로 2개의 사각형 구멍이 시공되어 있어 감실을 보호하는 구조물이 있었을 것으로 보인다. 또한 감실 상부에는 화려한 천개와 구름을 타고 있는 2구의 비천상이 조각되어 있다. 처마는 다포식이며, 옥개는 목재와 벽돌을 활용하여 지붕부를 구성하였다. 2층 이상의 탑신 각 면 좌우에도 사각형 구멍이 시공되어 있어 특별한 용도의 구조물을 설치했던 것으로 보인다. 2층 이상의 처마부는 1층과 달리 받침단으로 처리하였다.

옛 모습

탑은 2016년 보수되는 과정에서 많이 변형되었지만 전체적인 조영기법, 1층 탑신의 화려한 천개와 조각상 등으로 보아 요나라 때 처음 건립된 이후 여러 번의 중수가 이루어졌던 것으로 보인다. 그런데 2층 이상의 탑신부 양식이 금나라 전탑의 요소를 가지고 있어 금대에 건립되었다는 견해도 있다.

雙塔沟村 전경

40) 조양 능원 사관영자탑(朝陽 凌源 四官營子塔)

이 탑은 遼寧省 朝陽市에 속한 凌源市 四官營子鎭 湯杖子村 小塔子溝屯 大黑山에 위치한다. 탑은 평면 6각형의 밀첨식 5층 전탑으로 높이는 약 12m이다. 탑 아래쪽의 대지에는 자기편과 녹유와편 등이 산재되어 있어 사찰이 있었음을 알 수 있다.

탑의 기단부는 간략화 된 수미단 형식으로 마련되었는데 상부에 선각으로 연꽃무늬를 새겨 연화좌로 구성하였다. 1층 탑신은 모서리마다 원형 기둥을 세워 6각형으로 구획하였다. 1층 탑신 정면과 후면에는 사각형 구획 안에 아치형 감실을 마련하였으며, 나머지 면에는 광창을 내었다. 모든 층의 처마부를 화려한 공포부로 구성하였으며, 처마는 사각형 서까래와 부연을 올린 겹처마이다. 지붕은 기왓등이 사각형을 이루면서 분명하게 드러나도록 하였으며, 마루부도 층단 형식으로 벽돌을 쌓아 구성한 보기 드문 수법이다.

탑은 일반적인 요나라 전탑들과 달리 모든 층에 공포를 마련한 점이 특징적이다. 그리고 탑의 표면에 두텁게 회칠을 하여 白塔으로 건립되었음을 알 수 있다. 탑은 승려의 묘탑으로 추정되는데 비교적 소형으로 건립되었지만 요나라 불탑의 조영기법과 양식을 잘 보여주고 있다.

옛 모습

탑 주변에 있는 벽돌

41) 조양 괴수동탑(朝陽 槐樹洞塔)

괴수동석탑(槐樹洞石塔) 괴수동지수탑(槐樹洞止水塔)

이 탑은 遼寧省 朝陽市 朝陽縣 南雙庙鄉에 있는 槐樹洞景區 내에 위치한다. 현재 파손이 심한 상태이지만 평면 8각형의 석탑으로 현재의 높이는 약 2.6m이다. 탑신부의 대부분이 결실되어 기단부와 탑신부를 구분하기 어려운 상태이다. 다만 남아있는 부재들의 조영 기법과 양식 등으로 보아 기단부로 추정된다.

탑은 암반 위에 안상과 조각상이 배치된 2단의 기단을 마련하였다. 하단은 연화대석 위에 귀면과 화문이 장식된 여러 매의 면석을 결구하여 구성하였다. 그리고 그 위에 넓은 8각형 석재를 2단으로 올려 중단을 받치도록 하였다. 중단은 돋을새김이 강한 8마리의 사자상을 조각하였으며, 그 위에 2단의 받침이 마련된 대석을 올렸다. 상단은 악기를 연주하는 모습과 춤을 추고 있는 조각상들을 새긴 여러 매의 판석형 석재를 결구하였다. 그리고 그 위에 넓은 8각형의 판석형 석재와 연화대석을 올렸다. 연화대석 상부에 8각형의 괴임단이 있는 것으로 보아 평면 8각의 부재들로 구성된 탑신부가 있었던 것으로 추정된다. 이러한 것으로 보아 이 탑의 원래 모습은 매우 장엄스러운 석탑이었을 것으로 보인다.

탑은 조각상들의 표현 기법 등으로 보아 유례가 드문 요나라 석탑이며, 상단에 조각된 주악상들은 요나라 때 사용된 다양한 악기들을 엿볼 수 있게 하는 귀중한 자료로 평가되고 있다.

42) 부신 반절탑지(阜新 半截塔址)

대파반절탑(大巴鎭半截塔), 불신감응사리탑(佛身感應舍利塔)

오늘날 阜新蒙古族自治縣은 요대의 中京道와 上京道를 잇는 교통의 요지였다. 그에 따라 이 길을 따라 불교문화가 발전하면서 많은 탑들이 건립되었는데, 문화대혁명과 근현대기에 들어와 수기의 탑을 제외하고 모두 훼손된 것으로 파악되고 있다.

阜新 半截塔은 遼寧省 阜新市 阜新蒙古族自治縣 大巴鎭 半截塔村의 서산의 능선 상에 건립되어 있었는데, 문화대혁명 때 파괴되어 지금은 塔址만 남아있다. 그리고 탑지에 철탑이 세워지면서 다시 파괴되었다고 한다. 현재 수풀속에 탑지가 남아있는데, 탑에 활용되었던 벽돌들이 광범위하게 산재되어 있다. 또한 사찰이 있었던 자리는 경작지로 변한 상태이다.

탑은 목조건축의 기법을 충실하게 번안한 8각 9층의 밀첨식 전탑으로 높이는 약 15m로 전하고 있다. 그리고 6층 탑신에서 상륜부에 활용되었던 부재 일부가 확인되었다고 한다. 또한 지궁에서 발견된《歡州西會龍山碑銘》에 의하면, 이 탑은 요나라 道宗 大安 8년(1092년)에 건립되었다고 한다.

43) 조양 동탑지(朝陽 東塔址)

조양 關帝廟는 遼寧省 朝陽市 雙塔區 營州路 북쪽에 있으며, 조양 동탑지는
관제묘의 바로 우측 편에 위치하고 있다. 현재 사역은 민가가 들어서 있으며 탑
지는 공터로 변해 있다. 동탑은 北魏 孝文帝 때 처음 건립된 것으로 전해지고
있으며, 청 건륭 13년에 편찬된《新建關帝廟碑記序》(岳海 撰)에 의하면, 당시
성안에 건립된 南塔, 北塔과 함께 古三塔이라 불렀다고 한다. 이중에 東塔은 청
대에 훼손된 것으로 알려져 있다.

현재 탑지 주변에는 요대에 들어와 사찰이 중창되면서 조성된 石經幢, 石
函, 石獅子 등 다양한 석조물들이 남아있어 사찰이 있었음을 알 수 있다. 1952
년 關帝廟의 배수로 보수 공사 시 동탑의 기단부가 발견되었는데, 그 안에서 無
垢淨光大陀羅尼法舍利經 石經幢이 출토되었다. 이 석경당은 평면 8각형인데 6
면에 걸쳐 불경이 각자되어 있으며, 그 중 한 면에 '開泰六年歲次丁巳七月丁酉
朔十五日辛亥午時再建'이라는 명문이 있어, 동탑이 1017년에 再建되었음을 알
수 있게 되었다.

조양 동탑지

조양 관제묘

조양 동탑지 출토 석경당(1017년)

44) 조양 봉황산 상사 능소탑지(朝陽 鳳凰山 上寺 凌霄塔址) 출토 유물

화엄사능소탑(華嚴寺凌霄塔)

오늘날 朝陽과 阜新은 요나라 때 中京道와 東京道를 잇는 주요 교통로 상에 위치하고 있어 불교문화가 크게 발전하면서 많은 탑이 건립된 지역이었다. 그래서인지 현재 남아있는 탑의 수량도 많지만 파괴되어 塔址만 전해지거나 다른 시설로 전용된 경우가 많은데, 조양 봉황산 정상에 있었던 上寺 凌霄塔이 대표적인 예이다.

탑지에는 봉황산 기상 레이더가 들어서 있고, 탑에서 출토된 것으로 전하는 금동사리병, 목제사리호, 동제 정병, 동제 풍탁 등의 유물들이 朝陽博物館에 소장·전시되고 있다. 탑이 있었던 봉황산 上寺는 요나라 道宗 壽昌 年間 (1095~1101년)에 창건된 華嚴寺를 말하는데, 청나라 順治 年間(1644~1661년)에 대대적으로 중수되었다고 전한다. 능소탑은 대보탑, 운접사탑과 함께 조양 봉황산 3탑 중에 하나였다. 이중에 능소탑만 남아있지 않다.

조양박물관 소장 능소탑지 출토유물

금동 사리병   목제 사리호   동제 정병   동제 풍탁

45) 요탑 요소 반영 전탑, 철령 개원 숭수사탑(鐵嶺 開原 崇壽寺塔)

이 탑은 遼寧省 鐵嶺市에 속한 開原市 崇壽寺의 경내에 위치한다. 탑은 평면 8각형의 밀첨식 13층 전탑으로 높이는 약 45.8m이다. 탑은 간략화된 기단부와 상층으로 올라가면서 비교적 체감율이 큰 탑신부로 구성되었다.

1층 탑신은 각 면에 佛龕을 마련하여 1구씩의 불상을 봉안하였으며, 그 위에는 천개와 조각상 등으로 장엄되었다. 그리고 상부 중앙에 사각형 벽감을 마련하여 각 면 불감에 봉안된 불상의 이름을 새겨놓았다. 명문은 昆護尊佛(남), 無憂德佛(서남), 阿彌陀佛(서), 須彌相佛(서북), 雲自在佛(북), 廣嚴王佛(동북), 功德王佛(동), 寶幢光佛(동남)이다. 2층 이상의 옥개 하부는 받침단을 여러 단으로 구성하였으며, 상부는 기와를 올렸다. 상륜부는 최근에 보수한 것으로 보인다.

탑은 1층 탑신의 조각상과 공포부의 기법은 부분적으로 요대와 금대의 탑과 양식을 보이고 있으며, 기단부와 탑신부의 전체적인 양식과 조영기법 등은 전형적인 명대의 탑과 양식을 보이고 있다.

옛 모습

2. 내몽고자치구 內蒙古自治區

1) 적봉 오한기 무안주백탑(赤峰 敖漢旗 武安州白塔)

백탑(白塔), 무안주탑(武安州塔)

武安州는 요, 금, 원대의 고성(武安州城址)이 있었던 곳이다. 그리고 탑은 古城에서 가까운 內蒙古自治區 赤峰市 敖漢旗 白塔子村 서편의 낮은 능선 상에 위치하고 있다. 현재 사역은 모두 경작지로 변했으며, 한 가운데 탑만 남아있는데 훼손이 심한 상태이다. 경작지에는 기와편과 벽돌편 등이 넓게 산재되어 있다.

이 탑은 8각 밀첨식 전탑으로 원래는 13층이었는데 현재는 11층까지만 남아있으며 높이는 약 31m이다. 기단부는 수미단 형식으로 구성되었을 것으로 보이지만 파손이 심하여 원래의 모습은 알 수 없는 상태이다. 탑신부는 전형적인 요대 탑의 양식을 보이고 있는데 상층으로 올라가면서 체감율이 높은 것이 특징적이다. 1층 탑신은 사방에 불감이 마련되어 있어 불상을 안치하였을 것으로 보인다. 2층 탑신부터는 높이를 현저히 줄여 전형적인 밀첨식 양식을 적용하였다. 옥개 하부는 각 면마다 여러 개의 공포를 두어 다포양식으로 구성하였으며, 지붕부는 벽돌과 목재를 활용하여 목조건축물의 구조를 사실대로 번안하였다. 2층은 1층 옥개부와 동일한 양식이지만 3층부터는 처마부에 여러 단으로 구성된 받침단을 마련하여 차이를 보이고 있으며, 지붕부는 동일한 양식이다.

탑은 파손이 심하지만 요대 초기의 전형적인 전탑 양식을 보이고 있으며, 속칭이 '白塔'으로도 전해지고 있어 탑 전면에 걸쳐 회칠되었던 것으로 보인다.

『遼史』에 의하면, 統和 8년(990년)에 武安
州가 설치된 것으로 보아 이 시기를 전후
하여 탑이 건립되었을 것으로 추정된다.

천궁

불감

武安州城 전경

武安州白塔 주변 경작지

武安州白塔 주변 벽돌

적봉박물관에서

2) 적봉 파림좌기 상경남탑(赤峰 巴林左旗 上京南塔)

석분산탑(石盆山塔)

이 탑은 内蒙古自治區 赤峰市 巴林左旗 林東鎭의 龍頭山 북쪽 봉우리(石盆山) 정상부에 위치하고 있는데, 주변 경관이 한눈에 들어오는 곳으로 요나라 상경 유적지에서 남쪽으로 2.5km 정도 떨어져 있다. 탑의 규모가 크지는 않지만 멀리서도 잘 보이도록 하여 신앙의 대상일 뿐만 아니라 표식의 기능도 있었던 것으로 보인다. 탑은 8각 7층의 밀첨식 전탑으로 전체 높이는 약 25m이다.

기단부는 새롭게 보수되어 원래의 모습은 알 수 없는 상태이다. 탑신부는 2층 이상의 탑신 높이를 1층 탑신에 비해 현저하게 낮춘 밀첨식 양식으로 구성되었다. 1층 탑신은 각 면 모서리에 원형기둥을 세워 구획하였으며, 4면에는 상부가 아치형을 이루는 문을 마련하였으나 내부로는 통할 수 없도록 벽돌로 폐쇄하였다. 그리고 상부에 비천상과 천개 등을 화려하게 장엄하였다. 나머지 4면에는 좌우 하단에 1기씩의 탑을 세워 모두 8기로 구성된 八大靈塔을 배치하였는데, 평면 4각형의 3층으로 구성되어 있다. 또한 기단부는 연화좌 형식으로

옛 모습

마련하였으며, 1층 탑신은 높게 구성하였고, 공포와 기왓골이 표현되지 않은 옥개를 올리고 있어, 요대 탑에서는 보이지 않는 독특한 기법이다. 탑신 중앙에는 光窓이 마련되었고 八大靈塔 위에는 천개 등이 화려하게 장엄되어 있다. 그리고 이 탑은 1층 탑신에 석가모니와 도교 선인 등 다양한 조각상들이 배치되어 불교와 도교적 요소가 함께 표현된 독특한 佛塔이다. 옥개는 다포양식의 겹처마로 구성되었으며, 합각부에는 목재를 활용한 사래를 마련하여 그 끝에 풍

탁을 달았다. 옥개는 각층이 동일한 기법을 보이고 있으며 상륜부는 받침부만
남아있다.

탑은 기단부를 낮게 마련하였지만 1층 탑신을 현저하게 높게 구성한 점과
탑신 면에 八大靈塔을 비롯한 화려한 조각상들을 배치한 점이 다른 요대 탑에
서는 보기 드문 수법으로 주목된다. 탑신에 조각되어 있던 浮彫像들은 현재 遼
上京博物館에 소장 전시되고 있다. 上京은 요
나라의 五京 중의 하나로 918년에 설치되었으
며, 요대 聖宗 年間(982~1031년)에는 통치의
중심지이기도 했다. 이 탑은 전체적인 양식과
여러 정황으로 보아 上京이 설치된 직후에 건
립되었을 것으로 추정된다.

요상경박물관 소장 상경 남탑 출토유물

석조불좌상

북면 불공성취불

도교 석인상

석조공양좌상

석조공양좌상

석조공양입상

석조비천상

석조비천상

3) 호화호특 만부화엄경탑(呼和浩特 萬部華嚴經塔)

백탑(白塔) 査干·索布爾嘎(蒙古語)

옛 모습

이 탑은 內蒙古自治區 呼和浩特市 賽罕區 太平廣鄕 白塔村 인근에 위치하며, 평면 8각 7층의 누각식 전탑으로 높이는 약 55.6m이다.

기단부는 화려한 수미단 형식인데, 크게 3단으로 하단은 받침대 형식, 중단은 난간형식, 상단은 연화좌로 구성되었다. 기단부 표면에는 안상, 꽃무늬 등을 화려하게 장식하였다. 탑신부는 상하층이 거의 체감되지 않게 7층으로 구성하였으며, 1층 탑신 정면에 '萬部華嚴經塔'이라는 扁額을 마련하여 탑명을 분명하게 전해주고 있다. 각층 탑신의 4방향에 내부로 통하는 아치형 문과 문비를 마련하였는데 상층으로 올라가면서 교차되게 배치하였다. 탑신에 표현된 광창은 각 층 탑신의 동일 면에 새겼다. 1층에 마련된 문을 통하여 상층으로 올라갈 수 있으며, 각 층의 문을 통하여 먼 곳을 조망할 수 있다. 1층과 2층의 탑신 각 면에는 좌우에 1구씩의 신장상을 조각하였으며, 각 면 탑신 상부에는 4개씩 동경을 부착하였다. 3층 의상의 탑신에는 신장상을 조각하지 않고, 동경만 부착하여 차이를 보이고 있다. 2층 이상의 탑신 하부에는 공포부로 구성된 난간형식의 받침부를 마련하여 품격있는 외관을 형성하도록 하였다. 공포부는 다포 양식으로 구성하였으며, 옥개는 목재를 활용하여 겹처마로 구성하였다. 합각부는 사래를 길게 빼어 용두를 장식한 후 풍탁을 달았다. 상륜부는 1978년 보수하면서 다른 요대 탑을 모방하여 새롭게 구성하였다고 한다.

탑은 1층 문을 통해 내부로 들어가 상부로 올라갈 수 있는데, 탑 내부에는 金

大定 12년(1172년) 이래로 여러 시기에 걸쳐 이곳에 왔던 다양한 방문 인사들의 방문기록이 여러 언어로 기록되어 있다. 1층 탑신의 내부 벽면에는 9개의 壁碑가 있었으나 현재는 6개가 남아있다. 그리고 2층 탑신 내벽에는 36존의 불상이 부조되어 있다.

이 탑은 요나라 聖宗 연간(982~1031년) 豊州城 안에 건립된 大明寺의 탑으로 華嚴經卷을 봉안하기 위하여 건립되었다고 한다. 그래서 탑의 명칭도 萬部華嚴經塔이라고 불리게 되었으며, 요나라 탑 중에서 慶州白塔과 함께 보존상태가 가장 양호하고 화려하여 학술적으로 중요하게 평가받고 있다.

범자 진언다라니가 새겨진 석조물

呼和浩特 萬部華嚴經塔에서

고려 청자(내몽고박물원)

4) 적봉 영성 중경대탑(赤峰 寧城 中京大塔)

대명탑(大明塔), 대령탑(大寧塔), 감성사석가불사리탑(感聖寺釋迦佛舍利塔)

감성 유적과 중경대탑

이 탑은 內蒙古自治區 赤峰市 寧城縣 大明鎭 南城村 遼中京 유적지의 內城 정남문인 陽德門 밖 동측에 남아있으며, 感聖寺 釋迦佛舍利塔으로도 불린다. 탑은 평면 8각 13층의 밀첨식 전탑이며, 전체 높이가 약 80.22m로 중국의 3대 高塔 중에 하나이다. 탑은 1967년 대지진으로 훼손되어 일부만 보수된 채로 유지되다가 1981년 전면적인 보수공사를 실시하여 1984년 8월에 완공하였는데, 보수 과정에서 부분적으로 변형이 이루어진 것으로 보인다.

기단부는 넓게 받침단을 구성한 후 상당히 높게 올렸는데, 원래는 화려한 수미단 형식이었을 것으로 보인다. 현재 하단은 간략하게 처리하고, 상단은 卍자와 연화문 등을 새겨 장식하였다. 탑신부 옥개의 좌우 너비는 상층으로 올라가면서 조금씩 체감되어 안정감을 주고 있으며, 1층 탑신만 다른 층과 다르게 조성하였다. 1층 탑신의 모서리에는 石幢形의 八大靈塔을 세워 8각으로 구획하였으며, 각 면의 한 가운데 불감을 마련하여 본존불을 봉안한 후 좌우에 1구씩의 보살상을 배치하였다. 각 보살상 위에는 천개와 비천상을 추가적으로 장엄하였으며, 탑신 상부에 연화문을 채색하여 화려함을 더하였다. 1층 탑신 각 모서리에 새긴 석당의 하층 표면에는 불상의 이름이 새겨져 있고, 상층 표면에는 탑의 이름을 새겼다. 遼中京 유적 입구를 기준하여 1층 탑신 정면에는 「淨飯王宮生處塔-觀世音菩薩」,

「菩提樹下成佛塔-慈氏菩薩」,「鹿野苑中法輪塔-虛空藏菩薩」,「給孤獨園名稱塔-普賢菩薩」,「曲女城邊寶階塔-金剛手菩薩」,「耆闍崛山般若塔-妙吉祥菩薩」,「菴羅林衛維摩塔-除蓋障菩薩」,「婆羅林中圓寂塔-地藏菩薩」이라고 각각 쓰여 있다.

탑은 1982년 보수 시에 발견된 벽돌에 '壽昌四年四月初八…'라고 새겨져 있어, 요 道宗 年間(1055~1101년)인 1098년에 완공된 것으로 추정되고 있다. 이 탑에서 출토된 풍탁과 상륜부재 등 많은 유물들이 遼中京博物館에 소장·전시되어 있다.

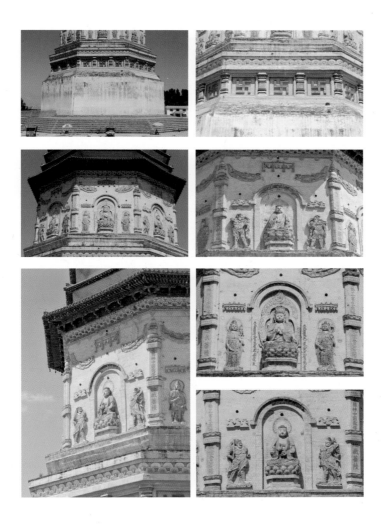

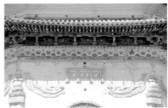

中京博物館 전경

청동 풍탁(中京博物館)

상륜부(中京博物館)

中京城 유적 성벽

中京城 유적 성벽

中京城 유적에서

5) 적봉 파림우기 경주백탑(赤峰 巴林右旗 慶州白塔)

석가불사리탑(釋迦佛舍利塔), 요경주백탑(遼慶州白塔), 금금찰한소포이알(金金察罕索布爾嘎)

이 탑은 遼 慶州城 유적지가 있는 內蒙古自治區 赤峰市 巴林右旗 索博日嘎鎭에 위치하며, 평면 8각 7층의 누각식 전탑으로 전체 높이는 약 73m이다.

기단부는 평면 사각형으로 넓게 기초부를 구성한 다음 그 위에 평면 8각의 수미단 형식으로 기단을 마련하여 탑신을 올렸다. 기단부 표면에는 다양한 조각상과 연화문 등을 새겨 장엄하였다. 탑신부는 상층으로 올라가면서 조금씩 체감하여 안정감을 주도록 하였는데, 각 층이 동일한 양식을 보이고 있다. 1층 탑신은 모서리에 원형기둥을 세워 8각형으로 구획하였으며, 각 면의 안쪽에 별도의 8각 기둥을 2개씩 세워 3칸으로 구분하였다. 그리고 4면에는 한 가운데 칸에 아치형 문을 마련하여 내부로 통할 수 있도록 하였으며, 좌우에 1구씩 신장상을 배치하였다. 나머지 4면에도 칸 사이에 광창과 석당형 탑을 부조하고, 여백 공간에 비천상과 천개 등을 화려하게 장엄하였다. 2층 이상의 탑신도 세부적인 기법은 조금씩 다르지만 1층 탑신과 유사한 방식으로 조영되었다. 이러한 장엄적인 조영기법은 다른 요대 탑에서는 보기 드물다. 공포부는 다포 양식을 적용하였으며, 처마는 겹처마로 구성되었다. 합각부 모서리에는 2단으로 사래를 길게 빼어 용두를 장식한 다음 풍탁을 달았다. 2층 이상의 탑신은 하부에 공포부가 있는 난간형 괴임대를 마련하였다. 상륜부도 원형이 잘 남아있는데, 8각형의 노반과 원형의 복발 위에 여러 단으로 구성된 보륜과 보주 등을 순서대로 올려 마무리 하였다.

탑은 釋迦佛舍利塔으로 불리는데, 興宗 耶律宗眞의 모친인 章聖皇太后의 追善 供養을 위하여 특별히 세운 것으로 1047년(重熙 16년) 2월 공사를 시작하여 1049년(重熙 18년) 7월 15일 준공하였다고 한다. 그리고 관련 자료에 의하면, 전란으로 여러 번 파괴되자 다시 중수되었다고 한다. 탑에서는 1007년과 1017년 간행된 각종 전적을 비롯하여 금판과 은판으로 제작된 다라니경판, 小塔과 法舍利塔, 十方佛塔, 七佛法舍利塔, 騎馬人物紋織物 등 다양한 유물들이 보수할 때 수습되었다. 금판과 은판으로 제작된 다라니는 상륜부 복발에서 출토되었는데, 이는 극락왕생과 공덕을 쌓기 위하여 봉안된 것으로 밝혀졌다. 이 탑은 呼和浩特 萬部華嚴經塔과 함께 보존 상태가 양호한 장엄적인 불탑으로 요나라 불탑을 대표하고 있다.

경주 백탑 앞 소탑

경주성 유적과 백탑 위치도

경주 백탑 출토유물

상륜부 유물 출토 상태(白塔寺 전시관)　　　　상륜부 출토 유물(白塔寺 전시관))

金版眞言陀羅尼(巴林右旗 博物館)　　　　銅版陀羅尼(巴林右旗 博物館)

舍利塔碑　　　涅槃像函(白塔寺 전시관)　　　석조열반상
(白塔寺 전시관)

금제불탑　　　法舍利塔(白塔寺 전시관)

木造七佛法舍利塔(巴林右旗 博物館)

七佛法舍利塔(巴林右旗 博物館)

十方佛塔
(巴林右旗
博物館)

木造七佛法舍利塔
(巴林右旗 博物館)

金製 佛塔
(巴林右旗
博物館)

塑造 龍頭(白塔寺 전시관)

6) 적봉 영성 반절탑(赤峰 寧城 半截塔)

이 탑은 內蒙古自治區 赤峰市 寧城縣 大明鎭에 있는 요나라 中京城 외곽 서남쪽에 위치하고 있는데 중경성내의 金小塔(1163년)과 멀리 마주서 있으며, 평면 8각형 밀첨식 전탑이다. 현재 기단부와 1층 탑신 외에는 파손이 심하여 전체 층수는 알 수 없으며, 높이는 약 14m이다.

기단부는 보수되어 원래의 모습은 알 수 없지만, 상단의 조영기법으로 보아 수미단 형식이었을 것으로 보인다. 1층 탑신은 모서리에 원형기둥을 세워 8각으로 구획하였으며, 4면에는 한가운데 아치형 문을 마련하고 그 위에 천개를 올렸다. 그리고 나머지 공간에 부조된 비천상 등이 표현되었을 것으로 보이지만 파손이 심하여 부분적으로만 남아있다. 나머지 4면에는 각각 2기씩의 탑을 부조하여 총 8기의 八大靈塔을 의도한 것으로 보인다. 팔대영탑은 크게 3단으로 구성된 기단부와 연화좌를 마련하여 탑신을 올렸으며 3층으로 구성하였다. 옥개석의 모각으로 보아 평면 8각의 탑임을 알 수 있다. 그리고 팔대영탑이 새

겨진 나머지 면에도 조각상이 있었을 것으로 보이지만 남아있지 않다. 공포부
는 한가운데 1개의 포작을 배치한 다포식으로 구성하였으며, 그 위에 처마를
올렸다.

　현존하는 탑의 규모로 보아 탑신부가 상당히 높은 11~13층의 밀첨식 전탑
이었을 것으로 추정된다. 이 탑은 파손이 심하지만 1층 탑신이 전형적인 요대
탑파 양식을 보이고 있으며, 전하는 바에 의하면 遼 道宗 淸寧 3년(1057년)에 건
립되었다고 한다.

반절탑에서 본 中京大塔(우측)과 金小塔(좌측)

금소탑(금, 1163년)

적봉 홍산유적

적봉 홍산에서 현장회원들

7) 적봉 오한기 오십가자탑(赤峰 敖漢旗 五十家子塔)

요강성주탑(遼降聖州塔), 만수백탑(萬壽白塔)

이 탑은 內蒙古自治區 赤峰市 敖漢旗 瑪尼罕鄉 五十家子村에 위치하는데, 이곳은 孟克河가 흐르는 평지로 요나라 때 설치된 降聖州의 성터이다. 탑은 평면 8각형의 밀첨식 13층 전탑으로 높이는 약 34m이다. 지금은 경작지 한가운데에 탑만 남아있지만 넓은 범위에서 기와편이 발견되고 있어 큰 사찰이 있었음을 알 수 있다.

탑은 요나라 때 건립된 이후 元代와 明代에 크게 중수된 것으로 전해지고 있다. 기단부는 높게 기초를 마련한 후 수미단 형식으로 구성하였는데, 조영기법과 세부 문양 등이 明代의 전탑 요소를 보이고 있다. 탑신부는 상층으로 올라가면서 체감을 주어 안정감을 보이고 있는데, 1층 탑신은 다른 층에 비하여 현격하게 높게 하고, 상부 옥개의 좌우너비도 넓게 하여 상층과 별도의 층을 구성한 것처럼 보인다. 1층 탑신은 모서리에 원형 기둥을 세워 8각으로 구획하였으며, 상부에도 목조 건축물의 결구 부재를 세세하게 번안하였다. 탑신

옛 모습

각 면 한 가운데에는 아치형 불감을 마련하였으며, 좌우에 보살 입상을 1구씩 배치하였다. 불감에 봉안된 불상들은 남아있지 않다. 불감 위에는 비천상과 천개 등을 장엄하였는데 이러한 도상과 배치는 요대 전탑의 전형적인 요소이기도 하다. 옥개는 벽돌과 목재를 결구하여 목조 건축물의 지붕처럼 구성하였다. 2층 이상의 옥개는 공포를 마련하지 않은 받침단으로 처리하였으며, 합각부 마다 사래를 길게 빼어 풍탁을 매달았음을 알 수 있다. 상륜부는 8각의 노반을 비롯한 일부 부재가 남아있으나, 훼손되어 원래의 모습을 알 수 없다.

벽비

　탑은 전체적으로 요대 전탑 양식을 보이고 있지만, 기단부와 탑신부의 세부 문양 등에서 명나라 전탑의 요소가 상당부분 반영되었음을 알 수 있다. 특히 1층 탑신 하부에 몽골어와 한문으로 각자된 塔銘記가 壁碑 형태로 부착되어 있는데, 앞부분에 이 탑이 萬曆 年間(1573~1620년)에 보수되었고, 당시 '萬壽白塔'이라 불렸음을 알 수 있다.

8) 적봉 파림우기 상경북탑(赤峰 巴林左旗 上京北塔)

이 탑은 上京 南塔과 대응하는 탑으로 內蒙古自治區 赤峰市 巴林左旗 林東鎮에 위치하며, 遼上京城 유적의 외곽 서북쪽으로 있는 낮은 능선 위에 건립되어 있다. 탑은 평면 6각형의 밀첨식 5층 전탑이며 높이는 약 10m로 소규모이다. 1980년과 1990년 2차례에 걸쳐 크게 보수되었는데, 1990년에는 天宮에서 파손된 琉璃 舍利甁과 經筒 등이 수습되었다고 한다.

기단부는 간략화된 수미단 형식으로 마련되었으며, 중대에 기둥을 세워 사각형으로 구획한 후 그 안에 안상을 새겼다. 탑신부는 1층 탑신은 높게 처리하고 2층부터 낮게 하여 밀첨식 양식을 보이고는 있지만 2층 이상의 탑신 높이가 다소 높아 변형된 양상을 보이고 있다. 1층 탑신은 정면에 폐쇄된 아치형 문을 마련하였고, 나머지 면은 부조로 조각된 비천상을 달았던 흔적이 남아있다. 옥개의 공포부는 다포형식을 보이고 있으며, 겹처마로 구성한 지붕을 올렸다. 공포부는 목조 건축물을 사실적으로 번안하였지만 그 외의 나머지 부

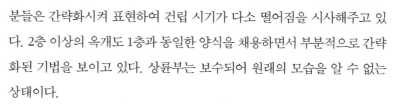

옛 모습

분들은 간략화시켜 표현하여 건립 시기가 다소 떨어짐을 시사해주고 있다. 2층 이상의 옥개도 1층과 동일한 양식을 채용하면서 부분적으로 간략화된 기법을 보이고 있다. 상륜부는 보수되어 원래의 모습을 알 수 없는 상태이다.

탑은 규모가 작지만 전형적인 요대 탑과 양식을 충실히 반영하면서 세부적으로 간략화된 기법을 적용시킨 것으로 보아 요대 중기에 건립되었을 것으로 추정되고 있다. 그리고 보수 시에 출토 수습된 유물들은 遼上京博

요상경유적   요상경유적 출토 연화초석

物館에 소장되어 있다. 이중에서 청동 정병은 고려시대 제작된 정병과 상당히
닮아 있어 주목된다.

요상경박물관 소장 상경북탑 출토유물

상륜부재

천궁 유물 출토 상태

천궁 출토 綿畫

천궁 출토 유리사리병

천궁 출토 금제 경통

청동 정병

천궁 출토 접시와 약목

천궁 출토 접시와 약목

9) 적봉 원보산 정안사 백탑(赤峰 元寶山 靜安寺 白塔)

정안사불아사리탑(靜安寺佛牙舍利塔), 영안탑(永安塔), 요대백탑(요대백탑),
원보산백탑(元寶山白塔), 탑자구백탑(塔子溝白塔), 고불산사리탑

이 탑은 內蒙古自治區 赤峰市 元寶山區 美麗河鎭
大營子村에 위치한 古佛山 능선 상에 건립되어 있다.
능선 아래로는 靜安寺가 있었는데, 폐사되었다가 최근
에 중창되었다. 이러한 것으로 보아 이 탑이 정안사에
소속되었던 것으로 보인다. 정안사는 요대에 창건된
황실사원으로 요나라 道宗 淸寧 8년(1062년)에 공사를
시작하여 咸雍 8년(1072년)에 대부분의 건물을 지은 것
으로『遼史』와《靜安寺碑》등에 수록되어 있다. 이후
금대 말기에 전란으로 퇴락하였다가 문화대혁명 때 폐
사되었다고 한다. 탑은 평면 8각 3층의 밀첨식 전탑으
로 높이는 약 18.6m이다.

탑은 능선의 암반을 기반으로 삼아 수미단 형식의
기단부를 마련하였다. 기단부는 크게 3단으로 구성되
었는데, 표면에 연화문을 비롯한 다양한 꽃무늬를 곳
곳에 장식하였다. 탑신부는 3층으로 구성된 저층이지
만 상층으로 올라가면서 약하게 체감을 주어 안정감을
갖도록 하였다. 1층 탑신은 모서리마다 八大靈塔을 1
기씩 세워 8각형으로 구획한 후 4면에는 불상을 안치
한 아치형 불감을 마련하였으며, 그 위에 대형 동경과
천개를 장엄하였다. 그리고 나머지 4면은 한가운데에
연화좌가 마련된 공양 자세의 입상을 조각하고 그 위
에 천개를 올렸다. 팔대영탑은 장막형의 문양과 연화
문이 장식된 평면 8각의 石幢形 탑 양식이다. 처마부는

정안사와 백탑

연화문이 표현된 받침단 형식으로 마련되었고 낙수면도 받침단으로 처리하여 요대 탑에서는 보기 드문 수법을 적용하였다. 옥개 모서리에는 용두가 장식된 사래를 길게 빼어 풍탁을 달았다. 상륜부는 복발형의 받침을 마련하였으나 원래 모습인지는 알 수 없다.

　　이 탑은 처음 건립된 이후 여러 번에 걸쳐 중수된 흔적이 역력하지만 1층 탑신 등이 전형적인 요대 탑파 양식을 보이고 있어 靜安寺가 창건될 때 건립된 것으로 추정된다.

정안사탑에서 내려다 본 최근 중창된 정안사

3. 길림성 吉林省

1) 장춘 농안 요탑(長春 農安 遼塔)

농안고탑(農安古塔), 금탑(金塔)

이 탑은 吉林省 長春市 農安縣에 있는 農安鎭城의 西門, 寶塔거리에 위치한다. 이 지역은 遼代에 북방지역을 다스리는 黃龍府가 있었으며, 金代에는 隆州(濟州)로 불리었다. 탑은 오랜 세월로 인하여 퇴락한 것을 1953년과 1983년 두 차례에 걸쳐 대대적인 수리를 하였으며, 수리 당시 사리함과 불상 등 여러 유물이 발견되었다고 한다. 현재 탑은 평면 8각형의 13층 밀첨식 전탑으로 높이는 약 44m이다.

기단부는 수미단 형식인데 후대에 보수하면서 간략화된 것으로 보인다. 탑신부는 13층의 고층인데 옥개부의 좌우너비와 상층으로 올라가면서 체감이 작고, 2층 이상의 탑신이 낮고 옥개부가 조밀하여 전형적인 밀첨식 양식을 보여주고 있다. 1층 탑신은 다른 층에 비하여 현격하게 높게 마련하였으며, 각 면에는 개방된 문과 폐쇄된 문을 교차하여 구성하였다. 그리고 아치형의 문 상부에는 명문을 새겨 넣기 위한 사각형 액방을 마련하였으나 현재는 명문이 남아있지 않다. 공포부와 지붕부는 목조 건축물의 결구 수법을 거의 그대로 번안하였으며, 합각부는 사래를 길게 내어 끝에 풍탁을 달았고, 마루 끝에는 치미와 잡상을 올렸다. 이러한 옥개부의 구성 수법은 明·淸代의 양식이라 할 수 있다. 상륜부는 원형 3단의 연화받침을 마련한 후 찰주에 여러 부재를 상하로 결구하여 구성하였으나 최초 건립 당시의 모습은 알 수 없다.

옛 모습

　　탑은 여러 번 중수되면서 변형되었으며, 현재는 명·청대의 양식을 많이 함유하고 있으나 관련 기록 등으로 보아 원래는 遼 聖宗 재위 시기(982~1031년)에 건립된 것으로 전해지고 있다.

사리함

銅造佛像

金銅佛像

하얼빈역에서

두만강에서

4. 하북성 河北省

1) 보정 탁주 지도사탑(保定 涿州 智度寺塔)

탁주쌍탑 남탑(涿州雙塔-南塔), 고수탑(姑嫂塔))

涿州古城 내에는 남북으로 2기의 탁주쌍탑이 남
아있다. 이중에서 남탑이 있는 곳을 南塔寺라고도 하
는데, 원래의 寺名은 智度寺로 탑은 지도사탑이라고
한다. 현재 河北省 保定 涿州市 涿州古城유적 내의 雙
塔街道瓣事處天橋社區에 위치한다. 탑은 평면 8각
형의 5층 누각식 전탑이며, 전체 높이는 약 44m이다.

기단부는 넓게 사각형 기초를 조성한 후 그 위에
간략화 된 수미단 형식의 기단을 마련하였다. 기단 상
부는 공포부로 구성된 받침부를 마련하였는데 공포와
공포 사이의 공간에 악기를 연주하는 조각상을 부조
하였다. 탑신부는 5층으로 각 층이 동일하게 구성되
어 있는데, 탑신은 모서리에 원형 기둥을 세워 8각형
으로 구획하였다. 그리고 탑신 각 면은 좌우에 8각형
기둥을 세워 3칸으로 구분하였으며, 하부에 인방을 가
로지르고 한가운데에는 아치형 문과 광창을 교차하여
마련하였다. 처마부는 다포로 구성되었으며, 겹처마
와 기와를 올려 목조건축물의 지붕부를 사실대로 표
현하였다. 마루부는 높게 구성하여 용두와 잡상을 올

려 수호하도록 하였다. 옥개 위에는 공포가 구성된 받침단을 두어 상층의 탑신
을 받치도록 하여 화려한 모습인데, 이러한 양식은 후대에 탑이 보수되었음을
간접적으로 시사해 준다. 상륜부는 원형을 알 수 없으나 현재 연화좌가 마련되
어 있다. 탑 내부의 외곽부에는 상층으로 올라갈 수 있는 계단이 시설되어 있으

며, 천정은 穹窿式으로 구성되어 있다. 그리고 천정의 벽면에 요대에 그려진 것으로 추정되는 채색 벽화의 흔적이 완연하게 남아있다.

탑이 北宋과의 접경지역에 세워져 있는 것으로 보아 요나라의 불교문화가 변경지역까지 널리 전파되었음을 보여주고 있다. 그리고 관련 기록에 의하면 요 太平 11년(1031년)에 건립된 것으로 전한다.

2) 보정 탁주 운거사탑(保定 涿州 雲居寺塔)

이 탑은 탁주고성 내에 남북으로 남아있는 쌍탑 가운데 북탑에 해당하는 雲居寺塔이다. 남탑인 지도사탑에서 북쪽으로 200m 떨어진 곳에 위치하고 있어 이곳을 北塔寺라고도 한다. 평면 8각형의 누각식 전탑으로 현재 6층이며, 전체 높이는 약 55.7m이다. 탁주쌍탑은 일명 姑嫂塔으로 불리는데 이는 천상의 姑선녀와 嫂선녀가 있었는데, 북탑은 姑선녀, 남탑은 嫂선녀가 수리했다는 전설이 내려오고 있기 때문이다.

탑은 남탑에 비하여 기단부가 전형적인 수미단 형식으로 구성되어 있고, 탑신부도 1층이 높은 6층이며, 탑 내부한 가운데의 기둥을 중심으로 회랑을 구성한 점이 다르다. 기단부는 공포로 구성된 받침단과 부조상이 조각된 대좌형식으로 구성되어 있다. 탑신부는 동일한 구성기법으로 상층으로 올라가면서 완만한 체감율을 보이고 있는데, 각 층이 목조건축물의 기법을 사실대로 번안한 전형적인 누각식 양식을 보이고 있다. 1층 탑신은 모서리에 원형 기둥을 세워 8면으로 구획하였으며, 내부로 통하는 아치형의 문과 광창을 교차하여 마련하였다. 이 탑도 남탑과 동일하게 탑신 하부에 공포가 구성된 난간형 받침을 마련하였다.

탑은 금나라 때인 1160년에 건립된《雲居寺重修佛舍利塔碑》에 의하면, 요나라 때인 大安 8년(1092년)에 건립되었다고 한다. 한편 이 탑은 요나라 탑 중에서는 남쪽 北宋과의 접경지역에 위치하고 있어, 전형적인 요대 탑 이외의 양식도 상당 부분 포함되어 있다. 그리고 탑의 전체적인 양식이 명대 탑의 요소를 다분히 함유하고 있어 후대에 크게 중수되었음을 알 수 있으며, 그래서인지 탑과 관련된 내용이 명·청대의 여러 기록물에 수록되어 전해지고 있다.

3) 낭방 삼하 영산탑(廊坊 三河 靈山塔)

이 탑은 河北省 廊坊 三河市 黃土莊鎭
에 있는 靈山 정상에 위치하며, 산자락에는
靈山寺가 1999년 새롭게 건립되어 있다. 탑
은 평면 8각의 누각식 5층 전탑으로 높이는
약 13m이며, 전체적으로 수리한 흔적이 역
력하다. 관련기록에 의하면 청나라 同治 연
간에 영산사가 크게 중수되었던 것으로 보
아 이 시기를 전후하여 탑도 함께 전면적인
중수가 있었던 것으로 보인다. 그래서 이
탑이 요나라 때 건립되었다고 하지만 대부
분 명·청대의 전탑 양식을 함유하고 있다.

기단부는 간략화 된 수미단 형식으로
표면에 명·청대 문양에서 볼 수 있는 화문
과 연화문 등을 장식하였다. 1층 탑신이 다
른 층에 비하여 높지만 현저한 차이를 보이
지 않고 있으며, 탑신면에 아치형의 문비를
마련하였다. 옥개의 처마는 겹처마로 구성
하였으며 합각부 마다 용두가 장식된 사래
를 길게 빼어 풍탁을 달았다. 옥개는 목조
건축물의 가구기법을 번안하였다. 이 탑에

서 옥개의 처마와 지붕부의 구성수법이 그나마 요대 전탑의 요소를 보여주고
있다.

이 탑은 內蒙古自治區 赤峰市 巴林左旗에 있는 上京 北塔과 전체적인 외관
및 양식 등이 친연성을 보이고 있어 주목된다.

靈山塔 전경

4) 장가구 탁록 진수탑(張家口 涿鹿 鎭水塔)

이 탑은 河北省 張家口市 涿鹿縣 張家河村 四面
環山 산등성이에 위치한다. 탑은 현재 파손되어 6층
까지만 남아있지만 평면 8각형의 밀첨식 7층 전탑으
로 높이는 약 15m이다.

기단부는 산사태로 인하여 하부가 매몰되었지만
원래는 전형적인 수미단 형식이었을 것으로 보인다.
하단은 크게 안상을 마련하여 그 안에 여러 조각상
을 배치하였으며, 모서리에는 문양이 있는 동자주를
세웠다. 상단은 가구식 기단처럼 구성하였는데 모서
리마다 花紋이 장식된 동자주를 세우고 그 안쪽 면
에는 마름모형 등 다양한 문양을 새겨 놓았다. 1층
탑신은 다른 층에 비하여 현격하게 높게 구성하였으
며, 모서리마다 부등면 8각 기둥을 세워 구획하였다.
그리고 탑신에는 아치형의 문비와 살창을 교차하여
새겼다. 2층 이상의 탑신 하부에는 낮은 난간형의 받
침을 별도로 마련하였다. 옥개는 다포양식의 공포부
와 겹처마로 구성된 지붕부로 구성하였다.

탑은 여러 번에 걸쳐 수리된 것으로 보이는데 전
체적인 규모와 외관, 옥개부 등에 요나라 전탑의 요
소가 반영되어 있다. 한편 기단부와 1층 탑신에서는
명나라 전탑의 요소도 많이 보이고 있어 여러 시대
가 혼재되어 있는 양상이다.

탑 주변 유물

5) 보정 탁주 영안사탑(保定 涿州 永安寺塔)

이 탑은 河北省 保定 涿州市 刁窩鄕 塔照村에 위치한다. 탑은 평면 8각형의 밀첨식 전탑으로 현재 7층까지 남아있는데, 높이는 약 19m이다. 탑은 기단부가 보수되었으며, 파손된 부분이 많아 원래의 모습은 알 수 없지만, 전형적인 요나라 전탑 양식을 가지고 있는 涿州古城내의 智度寺塔이나 雲居寺塔의 1층 탑신에서 보이는 기법과 유사하여 주목된다.

기단부는 하단이 보수되었지만 전형적인 수미단 형식이며, 상단은 공포부가 마련된 난간형식으로 상부에 연화좌를 마련하여 탑신을 받치고 있다. 1층 탑신은 모서리마다 石幢形 석탑을 세워 8각형으로 구획하였다. 4면은 아치형 문을 마련하였고, 정면의 문은 내부로 통하게 하였다. 나머지 4면은 광창을 마련하였으며, 표면에 'oṃ(唵)'字 등 여러 범자를 새긴 4각형 소형 壁碑를 부착하였다. 모서리에 배치된 八大靈塔은 평면 8각형으로 幢身을 높게 마련하고, 그 위에 옥개를 5층으로 올렸으며, 연화문이 새겨진 상륜부를 올려 마무리 하였다. 1층 탑신 상부에는 다른 요대 전탑에서는 보기 드물게 하엽형 연화문을 장식하였다. 1층은 옥개의 처마를 다포양식으로 구성하였으며, 벽돌과 목재를 활용하여 처마부를 구성하였다. 2층 이상의 탑신은 하부에 단을 둔 낮은 괴임을 두었으며, 옥개받침은 여러 단을 이루고 있는 받침단으로 구성하였다.

탑이 있었던 영안사는 당·송시기에 번창한 사찰로 전해지고 있으며, 탑은 요대에 들어와 사찰이 크게 중창되는 과정에서 건립된 것으로 추정된다. 탑은 파손이 심한 상태이지만 전형적인 요나라 전탑 양식을 보이고 있어 학술적으로 주목되고 있다. 탑은 후대에 보수가 이루어진 것으로 보이는데, 특히 1층 탑신 상부에 부드럽게 표현된 하엽형 연화문은 河北省 張家口市 蔚縣 南安寺塔, 天津 葫蘆島市 興城 白塔谷塔 등 요대의 여러 전탑에서 나타나기 시작하여 금·원·명대의 전탑에도 표현되었다.

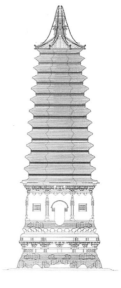

복원도면

6) 보정 역현 성탑원탑(保定 易縣 聖塔院塔)

형가탑(荊軻塔)

이 탑은 河北省 保定市 易縣 荊軻山村에 있는 荊軻山 형가공원 정상에 위치하고 있다. 이곳은 戰國時代를 살았던 荊軻(?~BC227년)의 衣冠塚이 있었던 곳으로 전해지고 있었는데, 요대에 들어와 그 자리에 탑을 건립하였다고 한다. 현재 탑은 형가공원의 荊軻像 뒤편에 세워져 있으며, 파손된 석당과 석비 등이 남아있어 사찰이 있었음을 알 수 있다. 탑은 평면 8각형의 밀첨식 13층 전탑으로 높이는 약 26m이다.

탑의 기단부는 여러 단으로 구성된 전형적인 수미단 형식으로 상단에는 공포가 구성된 난간형 받침과 연화좌를 마련하여 탑신부를 받치도록 하였다. 1층 탑신은 모서리에 석당형 탑을 배치하여 8각형으로 구획하였으며, 탑신의 각 면은 문비와 광창을 교차하여 마련하였다. 1층 탑신 상부에는 하엽형 연화문을 장식하고 그 위에 공포가 마련된 처마부에는 겹처마를 올렸다. 2층 이상의 탑신은 현저하게 낮게 마련하였으며, 옥개의 하부는 여러 단의 받침으로 처리하였다. 옥개의 합각부에는 용두가 장식된 사래를 길게 빼어 풍탁을 달았던 흔적들이 남아 있다. 상륜부는 연화좌를 마련한 후 찰주를 세워 여러 부재를 결구하였다.

탑은 관련기록에 의하면, 요나라 乾統 3년(1103년)에 건립된 이후 금대, 명대, 청대에 걸쳐 중수되었다고 한다. 지금도 청나라 康熙 6년(1721년)에 중수한 사실을 전해주는 석비가 남아있다. 또한 탑의 기단부와 탑신부에 각 시대별 중수했음을 알 수 있는 모습들이 반영되어 있다.

석경당

중수비(1721년)

형가공원 입구

7) 당산 풍윤 천궁사탑(唐山 豐潤 天宮寺塔)

이 탑은 河北省 唐山市 豐潤區의 天宮寺塔公園내의 한가운데에 건립되어 있으며, 평면 8각형의 13층 밀첨식 전탑으로 전체 높이는 약 24m이다. 요나라 때 이곳에 있었던 사찰은 南塔院, 極樂院, 天宮寺, 大天宮寺 등으로 이름을 바꾸었으며 현재 탑 주변에 초석과 석비들이 남아있어 사찰이 있었음을 알 수 있다. 그리고 이 탑은 1976년 지진으로 파손된 것을 1987년에 대대적으로 중수하였다고 한다.

기단부는 수미단 형식인데 공포부가 마련된 난간형 받침과 3단의 연화좌를 마련하여 탑신부를 받치도록 하였다. 난간형 받침의 표면에는 화문과 기하학적 문양 등 다양한 문양을 새겨 넣었다. 1층 탑신은 모서리마다 비천용을 새겨 8각으로 구획하였으며, 4면에 아치형 문비를 마련하였다. 그리고 정면 문비의 상부에는 편액을 마련하여 '天宮寺塔'이라 새겼으며, 후면 문비 상부에는 '極樂'이라 새긴 현관을 달았다. 옥개 하부에는 다포양식의 공포부로 구성하였으며, 처마는 서까래와 부연이 있는 겹처마로 마무리하였다. 2층 옥개는 공포부 없이 여러 단으로 구성된 받침부를 마련하였으며, 합각부 모서리에 용두를 장식하여 풍탁을 달았다. 상륜부는 보수되어 원래의 모습을 알기는 어려운 상태이다. 1987년 보수 시에 7층에서 13층까지의 탑 내부에 마련된 공간(塔心室)에서 金銅佛, 佛經, 石像, 磁器 등 진귀한 유물들이 수습되

天宮寺 重修碑(1620년)　　天宮寺 重修碑(1693년)

기도 하였다.

　　탑은 관련 기록에 의하면, 요나라 淸寧 원년(1055년)에 건립되었으며, 명대와 청대에 대규모의 보수가 이루어졌다고 한다. 지금도 기단부와 1층 탑신부 등에 명·청대 탑파의 양식이 부분적으로 반영되어 있다.

天宮寺 석비들　　　　　　天宮寺塔 주변 풍경

8) 장가구 울현 남안사탑(張家口 蔚縣 南安寺塔)

이 탑은 河北省 張家口市 蔚縣古城의 南門 내의 서쪽 편에 건립되어 있는데, 이곳은 北魏時代에 창건된 南安寺가 있었던 곳으로 전해지고 있다. 평면 8각형의 13층 밀첨식 전탑으로 높이는 약 32.1m이다. 1926년 포탄을 맞아 탑신 일부가 훼손되기도 하였다.

현재 탑의 기초부는 석축을 2단으로 높게 쌓아 놓았으며, 기단부는 노출된 상태로 보아 2단으로 구성되었던 것으로 보이는데, 하단은 난간형식이며 상단은 높은 받침대 위에 앙련을 올려 탑신을 받치도록 하였다. 8각으로 구성된 받침대의 각 면에는 원형 구획 안에 鬼面像과 福字紋 등을 새겼다. 이러한 요소들은 후대에 탑이 중수되면서 첨가된 것으로 보인다. 1층 탑신은 모서리마다 1기씩 석당형의 八大靈塔을 세워 구획하였으며 문비와 창문을 교차하여 새겼다. 탑신 상부에는 요나라 전탑에서는 보기 힘든 하엽형 연화문을 장식하였으며, 다포식의 공포부와 겹처마로 지붕부를 구성하였다. 지붕 상부에는 기와를 올려 마무리하였으며, 합각부에는 추녀와 사래를 마련하여 각각 풍탁을 달았다. 2층 이상의 탑신에는 동경을 교차하여 부착하였으며, 처마부는 받침단으로 처리하였다. 상륜부는 8각형의 노반과 앙화형 받침대를 마련한 후 찰주를 올려 청동으로 제작된 여러 구조물을 상하로 결구하였다. 상륜부는 비교적 원형을 잘 유지하고 있는 것으로 보인다.

탑은 蔚州城 안에 있었던 南安寺의 탑으로 요나라 天慶 원년(1111년)에 대대적으로 중창되어 요나라 탑파 양식을 갖게 되었다고 한다. 그리고 명대와 청대의 여러 기록물에 탑과 관련된 내용들이 수록되어 있어, 당시 이 지역의 상징적인 탑이었음을 알려 주고 있으며, 청대인 1706년 중건되었다고 한다. 한편, 2011년 3월 탑의 地宮에서 金塔, 銀塔, 채색된 목조 조각상 등이 도굴되었는데, 몇 달 후 모두 회수되었다고 한다.

9) 장가구 선화 불진사리탑(張家口 宣化 佛眞舍利塔)

이리니탑(邇邏尼塔)

이 탑은 河北省 張家口市 宣化縣 塔儿村鄉의 서북쪽 낮은 언덕위에 건립되어 있다. 탑은 평면 6각형 13층 밀첨식 전탑으로 높이는 약 20m이다. 탑신부는 부분적으로 파손되었지만 비교적 원형을 잘 유지하고 있다. 현재 파손된 부위에 목재가 돌출되어 있는 것으로 보아 탑을 건립할 때 목재를 기본 뼈대로도 활용했음을 알 수 있다.

기단부는 계단이 마련된 평면 6각형의 높고 넓은 기초부를 구성한 후 석축 형식의 기단을 올렸다. 이처럼 넓은 기초부를 마련한 것은 탑을 견고하게 쌓기 위한 것으로 시공 수법으로 보인다. 탑신부는 상층으로 올라가면서 약간씩 체감을 주어 전체적으로 안정적인 외관을 형성하고 있다. 1층 탑신은 모서리마다 원형 기둥을 세워 육각형으로 구획한 후 전후면에 문비를 마련하였으며, 나머지 면에는 광창을 새겼다. 그리고 1층 옥개의 처마에는 다포형식의 공포부를 구성하였으며, 지붕부에는 목조 가구를 짜 맞추어 기와를 올렸다. 2층 이상의 탑신은 1층에 비하여 높이를 현저하게 낮춘 전형적인 밀첨식 양식이며, 처마부는 여러 단의 받침단으로 처리하였다. 2층 이상의 탑신 표면에는 독특한 문양을 새겨 넣었다. 현재 상륜부는 파손이 심한 상태로 하부에 앙화형의 받침부가 남아있다.

탑은 1층 문비의 상부에 '佛眞猞猁迤邏尼塔', '天慶七年歲次'라고 새겨, 비구니의 사리탑으로 추정되며, 1117년에 건립되었음을 알 수 있다. 기단부가 보수 과정에서 변형되었지만 탑신부는 전형적인 요탑 양식을 보이고 있다.

---

4 이 탑은 직접 답사하지는 못했지만 건립 시기를 명확하게 알 수 있는 중요한 요탑으로 생각되어 소개한다.

10) 승덕 쌍란 쌍탑산탑(承德 雙灤 雙塔山塔)

河北省 承德市 雙灤區에 위치한 쌍탑산은 청나라 康熙 황제 때 承德 10景 중 제1경으로 명성이 높았으며, 오늘날 承德市의 최대 관광지구이기도 하다. 이곳은 거란사람들이 처음으로 쌍탑산의 암벽 정상에 올라 탑을 건립하여 더욱 신비한 풍경이 되었다고 한다. 쌍탑산의 정상에는 암벽으로 구성된 2개의 봉우리가 있는데 남쪽 봉우리는 높이가 30m이고, 북쪽 봉우리는 높이가 35m 이다. 각 봉우리의 정상에 올라가 볼 수는 없지만 요나라 때 건립된 것으로 전하는 전탑이 1기씩 세워져 있다. 이중에 북탑은 심하게 훼손되었으며, 남탑은 비교적 원형을 유지하고 있다. 쌍탑산은 보는 각도에 따라 다양한 풍경을 보여주고 있으며, 최근에 쌍탑 주변으로 많은 불교 유적이 조성되고 있다.

이 탑들은 요대에 들어와 불교가 흥성하였을 때 산악숭배 사상과 결합되어 건립된 것으로 전해지고 있다. 이 전탑들에서는 요나라의 유물들이 수습되어 전시관에 소장 전시되고 있다.

옛 그림

남탑

쌍탑산 입구

전시관 내유물

쌍탑산 칠보루

쌍탑산 암각면

쌍탑산 열반상

11) 승덕 관성 황애사탑군(承德 寬城 黃崖寺塔群)

만탑황애(萬塔黃崖)

황애사탑군은 河北省 承德市 寬城縣 寬城鎭 黃崖子村에 있는 石山 자락에 위치하고 있는데, 석산이 황색을 띠고 있다고 하여 황애사라는 절 이름을 갖게 되었다고 한다. 황애사는 요대에 창건된 이후 금, 원, 명, 청대에 걸쳐 유력한 승려들이 머물면서 수행과 중생 구제의 중심사찰이었던 것으로 전해지고 있다. 특히 청대에 대형 사찰로 번창하였다고 한다. 현재 황애사가 있는 석산 주변 곳곳에 전탑과 석탑 등 다양한 양식의 탑이 건립되어 있는데, 탑지를 포함하여 100여기 정도가 남아있는 것으로 파악되고 있다.

이처럼 황애사 주변의 암반과 나무 숲 사이에 다양한 양식으로 건립된 탑들이 남아있는데 원형을 알 수 있는 경우는 거의 없다. 현존하는 대부분의 탑들은 평면이 원형인 굴뚝 형태의 적석탑으로 독특한 양식을 보이고 있다. 이 탑들은 대부분 후대에 보수되는 과정에서 원래의 모습이 변형된 것으로 판단된다. 그러나 요대에 황애사가 창건되면서 석산 일대에 많은 요대 탑들이 건립되었던 것으로 전해지고 있다.

황애사와 석산

12) 보정 내수 경화사화탑(保定 淶水 慶化寺花塔)

이 탑은 河北省 保定市 淶水縣 永陽鎭 北洛平村의 龍宮山에 있는 慶化寺 입구의 조망이 잘되는 능선 끝 지점에 위치한다. 경화사는 최근에 들어와 중창 불사가 진행되고 있는데, 사역 일대에는 龜趺와 石經幢 등 요대에서 청대까지의 유적·유물들이 남아 있다. 이러한 것으로 보아 경화사는 요대에 창건된 이후 지속적으로 불사가 이루어지면서 법등이 유지되었음을 알 수 있다. 이 탑은 기단부와 1층 탑신부는 평면 8각으로 구성되었으며, 1층 옥개 상부는 평면 원형을 활용한 花塔 양식으로 조영되었으며 전체 높이는 약 15.2m이다.

기단부는 여러 단으로 구성된 수미단 형식인데 후대에 보수되면서 많이 변형된 것으로 보인다. 현재 기단부의 상단은 다포의 공포로 구성된 난간형의 받침대가 마련되었는데, 조각상이나 문양 등에서 일부 요나라 전탑 요소가 보이기는 하지만 전체적으로 명·청대의 모습이다. 1층 탑신부는 지붕부까지 목조 건축물의 세부기법을 섬세하게 번안하였으며, 그 위로는 8각의 난간형 받침대를 마련한 후 높게 연봉형의 화탑을 올렸다. 1층 탑신은 원형기둥을 세워 8각으로 구획하였으며, 각 면에 아치형의 문비와 광창을 교차하여 마련하였다. 문비 상부에는 요대 탑의 특징인 비천상을 좌우에 1구씩 조각하였다. 처마부는 도리 부분이 높게 표현된 공포로 구성되었는데 공포와 공포 사이의 포벽에는 귀면과 화려한 꽃문양을 장식하였다. 처마는 원형의 서까래와 사각형의 부연으로 구성된 겹처마이며, 지붕부는 많이 보수되어 원래의 모습은 알 수 없는 상태이

다. 1층 탑신 상부는 원통형의 화탑 형식인데, 표면에 소형 불감이 마련된 정각형 탑을 8단으로 올려 구성하였다. 정각형 탑은 1단부터 7단까지는 16개이고, 8단에는 8개를 마련하여 총 120개가 새겨졌으며 소형 불감 안에는 불상을 봉안하였을 것으로 보이지만 남아있지 않다.

탑은 요나라 때 불교가 크게 흥성하였던 시기에 새롭게 나타난 花塔 양식으로 일반적으로 11~12세기 때에 많이 건립된 것으로 확인된다. 그리고 이러한 양식의 전탑은 계승되어 金代에도 건립되었다.

慶化寺 전경

慶化寺 귀부

慶化寺 석당

慶化寺 석당

慶化寺 석조물 문양

13) 당산 풍윤 차축산화탑(唐山 豐潤 車軸山花塔)

약사령탑(藥師靈塔)

　이 탑은 河北省 唐山市 豐潤區 豐潤車軸山中學 내에 위치하고 있다. 이곳은 요대 창건된 壽峰寺가 있었던 곳으로 전해지고 있다. 지금은 탑만 남아 있으며, 탑 옆으로 후대에 건립된 無梁閣과 문창각이 나란히 건립되어 있다. 무량각은 3층 전탑 양식이며, 명나라 때인 萬曆 26년(1598년)에 건립된《萬佛閣碑》등이 남아있다. 탑은 기단부와 1층 탑신부는 평면 8각형이며, 상부는 원통형으로 구성된 화탑 형식인데, 전체 높이는 약 28m이다.

　탑의 기단부는 크게 3단으로 구성된 수미단 형식으로 중단 부분에 각종 조각상을 배치하였으며 공포부로 구성된 난간 형식이다. 그리고 상단은 입상형의 연화대좌를 마련하여 1층 탑신을 받치도록 하였다. 기단부는 전체적으로 요나라 전탑 요소들이 남아있지만, 특히 하단과 중단은 후대에 보수되면서 보수 당시의 조영기법들이 상당부분 적용된 것으로 보인다. 1층 탑신은 모서리마다 8각형 기둥을 세워 구획한 후 아치형 문을 4면에 마련하고 나머지 4면에는 1구씩의 보살입상을 조각하였다. 보살상들은 요나라 전탑에서 많이 적용된 조성기법과 양식을 보이고 있다. 처마의 공포부와 지붕부는 간략화 된 구성기법을

無梁閣

보이고 있지만 후대에 보수되면서 부분적으로 변형된 것으로 보인다. 1층 옥개 상부에는 총 9단으로 소형불감이 마련된 정각형 탑을 원형으로 빼곡하게 새겼다. 정각형 탑은 불감 내부에 부조로 조각된 불상을 봉안하였으며, 상륜부는 원통형의 보주 받침과 화염형의 보주를 올렸다. 그리고 화탑 형식의 상부는 받침단이 마련된 8각의 옥개를 올렸으며, 합각부에는 용두가 장식된 사래를 마련하여 풍탁을 달았다. 상륜부는 원래 모습을 알 수 없지만 현재는 입상형의 연화좌와 원형의 보주 등을 올려 마무리하였다.

이 탑은 요나라 重熙 원년(1032년)에 창건된 壽峰寺에 건립된 전탑으로 1층 탑신 상부를 화탑 형식으로 구성한 독특한 조영기법을 가지고 있어 주목된다. 특히 후대에 보수되기는 했지만 비교적 원형을 잘 유지하고 있는 대표적인 화탑 형식의 요나라 전탑으로 알려져 있다.

正定 廣惠寺 華塔(金代)

14) 보정 내수 서강탑(保定 淶水 西崗塔)

이 탑은 河北省 保定市 淶水縣에 있는 淶水縣城 유적내의 민가에 위치하고 있다. 이 일대는 사찰이 있었을 것으로 보이나 현재 탑 이외에는 사찰의 흔적이 거의 확인되지 않고 있다. 탑은 평면 8각형의 밀첨식 13층 전탑으로 전체 높이는 약 36m이다.

기단부는 3단의 수미단 형식인데, 하단은 8각형 받침단으로 구성하였으며, 중단은 공포로 구성된 난간형식이고, 상단은 연화좌를 마련하여 탑신을 받치도록 하였다. 그리고 하단 상부에는 독특하게 하엽형의 연화문을 크게 표현하였으며, 중단의 표면에는 연화문, 모란문 등 각종 문양을 화려하게 장엄하였다. 기단부는 후대에 보수되면서 부분적으로 후대의 기법들이 새롭게 적용되었지만 전체적으로 요나라 전탑의 특징들을 잘 보여주고 있다. 그리고 1층 탑신은 다른 층에 비하여 현저히 높게 마련하였는데, 모서리마다 석당형 탑을 세워 8각으로 구획하였다. 석당형 탑은 여러 장의 벽돌을 상하로 짜 맞추어 석당형을 이루도록 하였다. 탑신의 4면에는 내부로 통하는 아치형 문을 마련하였으며 나머지 4면에는 한 가운데에 광창을 표현하였는데 문과 광창 외곽에 4개의 사각형 壁孔이 있어 비천상과 같은 별도의 조각상들이 부착되었던 것으로 보인다. 탑신 상부에는 안상처럼 독특하게 하엽형을 이루고 있는 연화문을 장식하였다. 그리고 그 위에 다포양식의 공포부와 겹처마로 구성된 지붕부를 올렸다. 1층 탑신의 전체적인 조영기법

은 전형적인 요나라 전탑의 요소를 보여주고 있다. 2층 이상의 탑신부는 낮은 탑신과 여러 단으로 구성된 옥개를 올려 구성하였는데 일부 층의 탑신에는 소형의 광창을 내어 빛이 투과되도록 하였다. 특히 13층은 1층과 동일한 조영기법으로 구성되었는데, 멀리 조망할 수 있도록 사방에 아치형 문을 마련하였다. 상륜부는 3단으로 구성된 연화좌를 올려 마무리 하였다.

탑은 금대에 건립되었다는 견해도 있지만 요대 전탑에서 보이는 외관과 조영 기법을 보이고 있는 전형적인 양식으로 요나라의 불교가 크게 흥성하였던 시기에 건립되었을 것으로 보인다. 그리고 이 탑은 2013년 7월부터 2014년 8월에 걸쳐 수리되었다.

탑 주변 석비편

15) 보정 역현 雙塔庵 북탑(保定 易縣 雙塔庵 北塔)

태녕사쌍탑(太寧寺雙塔)-북탑(北塔), 동탑(東塔)

이 탑은 河北省 保定市 易縣 西陵鄕 太寧寺村에서 서북방향으로 1.5km정도 떨어진 太寧寺址에 위치하고 있다. 현재 사지에는 金代에 건립된 3층 밀첨식 전탑(1144년)이 남쪽에 세워져 있어 이 탑과 함께 남북 쌍탑으로 불리고 있다. 탑은 북쪽에 있어 태녕사 북탑으로도 불리며, 평면 8각형의 밀첨식 13층 전탑으로 높이는 약 17.4m이다.

기단부는 전형적인 수미단 형식이다. 1층 탑신은 모서리마다 석당형 탑을 배치하여 8각형으로 구획하였으며, 4면에는 문비를 마련하고 나머지 4면에는 광창을 새겼다. 그리고 탑신 상부에 하엽형 연화문을 장식하였고 1층은 공포부와 겹처마로 구성되었으며 2층 이상은 여러 단으로 구성된 받침단으로 처리하였다. 특히 2층부터는 별도의 탑신을 마련하지 않아 밀첨식 양식의 전형을 보여주고 있다. 지붕부에는 기와를 올려 목조 구조를 사실적으로 번안하였다.

탑은 기단부의 조영기법과 1층 탑신의 모서리에 八大靈塔이 새겨진 점은 요대 전탑의 요소를 보여주고 있지만, 탑신부의 전체적인 외관과 세부적인 문

양 등은 후대의 기법을 보이고 있다.

따라서 이탑은 요대 말기에 건립되었을 가능성이 높다. 다만 관련 기록에 의하면, 쌍탑암은 金代와 明代에 크게 중수된 것으로 전해지고 있어, 이 탑도 중수되면서 변형이 이루어졌을 가능성이 있다.

雙塔庵 南塔(太宁寺塔, 金代)

16) 낭방 영청 백탑사 대신각석탑(廊坊 永清 白塔寺 大辛閣石塔)

용천사탑(龍泉寺塔), 백탑사석탑(白塔寺石塔)

이 석탑은 河北省 廊坊市 永清縣 大辛閣鄉 大辛閣村에 있는 白塔寺 경내의 3층 보호각 안에 세워져 있다. 탑은 평면 8각형으로 대좌 형식의 기단부와 1층 탑신석을 높게 올린 13층 밀첨식 석탑으로 높이는 약 6m이다. 탑신부에서 2층 이상의 탑신은 받침 형태로 낮게 마련하여 전형적인 밀첨식 양식을 보이고 있다.

기단부 표면에는 사자와 용 등 수호의 의미가 있는 다양한 상들을 조각하였으며, 모란문과 연주문 등을 화려하게 장식하였다. 중대석의 각 면에는 사자의 머리가 높게 돌출되어 있어 위엄 있는 모습을 보이고 있다. 그리고 상대석의 상부에 연화대좌를 마련하여 탑신부를 받치도록 하였다. 탑신부에서 탑신석은 1층만 상당히 높게 마련되었는데 정면에는 판장문 형태의 문비를 새기고 그 위에 비천용을 표현하였다. 또한 좌우면에는 무기를 들고 있는 신장상을 1구씩 조각하였다. 후면에는 연화좌 위에 선정인을 취하고 있는 여래좌상을 조각하였다. 탑신부는 석재이지만 목조건축물의 처마부와 지붕부를 섬세하게 번안하여 사실적인 모습을 보이고 있으며, 합각부마다 별도의 풍탁공을 마련하여 풍탁을 달았다. 1층 옥개석은 하부에 별도의 공포부를 구성하였다. 상륜부는 남아있지 않다.

탑은 요대에 성행한 전탑 양식을 모방하여 건립

백탑사 대웅보전

된 석탑으로 추정되는데 기단부와 1층 탑신부는 석당형 양식을 보이고 있어 주목된다. 그리고 석탑의 세부적인 치석수법 등으로 보아 후대에 여러 부재들이 보강된 것으로 보인다. 한편, 淸나라 때에 편찬된 『日下就文考』에 의하면, 이 탑이 龍泉寺塔으로 수록되어 있기도 하다.

白塔寺 大辛閣石塔에서

17) 낭방 삼하 서관탑(廊坊 三河 西關塔) 출토 유물

廊坊博物館 전경

이 탑은 河北省 廊坊의 三河市 洶陽鎭 西關村에 있었는데 현재는 훼손되어 남아있지 않다. 탑은 민간 전설에 의하면, 정교한 기술을 가진 仙人들이 탑을 세웠다고 전해지고 있으며, 탑신이 날렵하고 상륜부는 높고 뾰족하였다고 한다. 이 지역 사람들은 탑을 상서롭게 생각하여 자주 찾아 예불을 올렸다고 한다.

1975년 탑이 있었던 자리에서 銀製舍利盒, 金銅淨甁 등이 출토되어 현재 廊坊博物館에 소장 전시되어 있다. 은제사리합은 몸체와 뚜껑으로 구성되어 있는데, 몸체의 좌우에 사천왕상을 선각으로 새겼으며, 뚜껑에는 불입상과 모란문 등을 새겼다. 금동정병은 몸체와 뚜껑으로 구성되어 있는데, 전체적인 조형이 우리나라 고려시대의 정병과 상당히 닮아 있어 주목된다.

낭방박물관 소장 삼하 서관탑 출토 유물

銀製舍利盒

金銅淨甁

18) 낭방 향하 서은사탑(廊坊 香河 栖隱寺塔) 출토 유물

칠랑탑(七郎塔), 향성탑(香城塔)

서은사탑은 河北省 廊坊市 香河縣 于辛莊村의 남쪽에 있었으며, 요대 건립된 것으로 전해지고 있다. 이 탑은 요나라와 송나라 전쟁에서 크게 활약한 楊七郎 神像이 모셔져 있어 七郎塔이라는 별칭이 있었다고 한다.

『香河縣志』에 의하면 서은사는 요나라 統和 24년(1006년)에 창건되었다고 하는데, 이때 탑도 함께 건립되었으며 평면 8각의 9층 전탑이었다고 한다. 그리고 청나라 때인 1722년과 1883년에 중수되었는데, 1976년 7월 唐山大地震으로 탑이 크게 훼손되었다고 한다. 탑이 훼손되자 지하에서 궁륭형 천정을 가진 地宮이 발견되었는데 그 안에서 백자 탑, 백자 정병, 백자 접시 등 19점의 백자 유물들이 수습되었다. 백자 탑은 평

서은사탑 출토 유물(廊坊博物館)

면 원형의 13층 밀첨식 탑으로 당시 성행한 전형적인 요나라 전탑 양식을 보여주고 있어 중요한 유물이라 할 수 있다. 이 유물들은 요나라 때 서은사 탑이 건립될 때 봉안된 공양물로 요나라의 수준 높은 백자 제작기술을 전해주는 대표적인 유물로 평가받고 있다. 현재 廊坊博物館에 소장 전시되어 있다.

開封博物館 소장 요나라 도자기

綠釉陶瓷缸   綠釉陶瓷壺   白釉陶瓷壺   黃釉陶瓷壺   黑釉陶瓷甁

19) 요대 다보천불석당(遼代 多寶千佛石幢)

이 석당은 현재 일본 京都國立博物館에 소장되어 있는데 원래는 中國 河北省 保定의 涿州市에 소재했던 護國仁王寺에 있었던 것으로 추정되고 있다. 일본이 중국 대륙을 침략한 大正末期에 일본인이 반출하여 소장하고 있다가 1927년경 박물관에 기증한 것이라고 한다.[5]

기단부와 幢身은 평면 8각형으로 구성되었으며, 상륜부는 원형이다. 기단부는 2단으로 구성되었는데, 1단의 각 면에는 가릉빈가상을 조각하고 상면에는 화려한 연화문을 장식하였다. 또한 2단의 각 면에는 안상 문양 안에 주악상을 조각하였다. 그리고 석당의 핵심부라 할 수 있는 幢身은 작은 감실을 마련하여 불상을 조각하였으며, 총 8단으로 구성하였다. 상하로 배치된 불상 사이마다 범자로 새겨진 眞言陀羅尼를 가득 새겼다. 幢身 위에는 별도의 대석을 마련하여 그 위에 낮은 幢身을 별도 구비하여 그 위에 옥개를 올렸다. 대석에는 모서리마다 용두를 조각하여 각 면에 공양 비천상을 양각하였다. 그리고 낮은 당신에는 좌상의 여래상과 입상의 僧像을 교차하여 조각하였다. 옥개는 기왓등이 표현되었으며, 상륜부는 원형으로 복발과 보주 등을 올렸다. 특히 각 부에 새겨진 조각상과 연화문의 표현 기법이 뛰어나며, 幢身의 조각상 사이에 범자로 새겨진 진언다라니는 당시 사용된 범자체와 함께 다라니에 대한 신앙을 엿볼 수 있는 중요한 자료이다.

이 석당의 표면에는 최초 조성 당시의 명문과 함께 여러 시대에 걸쳐 추각

---

5 京都國立博物館, 『遼代多寶千佛石幢』, 1973.

된 명문이 남아있기도 하다. 석당에 새겨진 명문 첫머리에 「大康拾年歲次甲子 拾貳月丙寅朔月建乙丑捌日癸酉坤時建」이라고 하여 요나라 大康 10년인 1084 년에 조성되었음을 알 수 있다. 석당은 명문이 있어 조성시기를 명확히 알 수 있으며, 보존상태도 양호하여 요대의 전형적인 석당 양식을 대표하고 있다.

※ 王龍村多羅尼經幢

河北省 廊坊市 固安縣 王龍村에 있던 陀羅尼經 幢은 요나라 성종 연간(982~1031년)에 건립되었다 가 明代에 중수된 것으로 전해지고 있다. 이 석경 당은 표면에 비천상, 사자상, 가릉빈가상 등 다양 한 조각상을 새겼으며, 幢身에 尊勝陀羅尼經과 般 若波羅蜜多心經 등을 새겼다.

王龍村 多羅尼經幢
(遼代, 廊坊博物館)

20) 요탑 양식 계승 전탑, 보정 역현 연자탑(保定 易縣 燕子塔)

이 탑은 河北省 保定市 易縣 高陌鄕 燕子村에 있었던 觀音禪寺 탑으로서 燕山鎭의 5탑 중 하나로 전해지고 있으며, 평면 8각형의 13층 밀첨식 전탑으로 전체 높이는 약 16.5m이다. 탑은 《大明重修觀音禪寺碑記》(1510년)에 의하면, 요대에 처음 건립되어 明 正德 5년(1510년)에 대대적으로 중수되었다고 한다. 그래서인지 현재의 전체적인 외관 등이 요나라 전탑의 특징을 보이고 있지만 세부적인 기법은 명나라 전탑의 특징을 보이고 있다. 이러한 것으로 보아 이 탑은 요나라 전탑 양식을 충실하게 계승하여 명대에 새롭게 건립된 탑이지만 요대 전탑 양식을 이해하는 데 중요한 자료라 할 수 있다.

석비

21) 요탑 양식 계승 전탑, 보정 순평 오후탑(保定 順平 伍候塔)

이 탑은 河北省 保定市 順平縣 腰山鎮 南伍侯村에 위치하고 있으며, 평면 6각형 5층 밀첨식 전탑으로 전체 높이는 약 22.5m이다. 탑은 현재 수풀 속에 세워져 있으며, 전체적으로 보존 상태는 양호하다.

기단부는 여러 단으로 구성된 수미단 형식인데, 표면에 동물과 꽃 등 다양한 문양을 장식하였으며, 안상을 별도로 마련하여 그 안에 여러 유형의 조각상을 표현하였다. 기단부의 조영기법이 전형적인 요대 전탑과는 약간 다른 모습이다. 1층 탑신은 높게 하여 판장문과 창호를 번안하였으며, 판장문 좌우에는 별도의 신장상을 배치하였다. 옥개부는 공포부가 있는 처마와 지붕부로 구성되었으며 상층으로 올라가면서 약간의 체감이 이루어졌다.

탑은 요대 전탑으로 추정되기도 하지만 전형적인 요대 전탑과 비교할 때 전체적인 외관은 유사하지만 세부적인 구성 기법이나 양식은 차이를 보이고 있다.

5. 산서성 山西省

1) 응현 불궁사 석가탑(應縣 佛宮寺 釋迦塔)

응현목탑(應縣木塔)

이 탑은 山西省 朔州市 應縣 金城鎭에 있는 佛宮寺 경내
의 한가운데에 있다. 중국에 현존하는 最高, 最大의 木塔이
며, 구체적인 연혁도 전해지고 있는 탑이다. 탑은 평면 8각
5층의 樓閣式 목탑으로 전체 높이는 약 67.31m이다.

기단부는 8각의 석축단으로 높게 마련하였으며, 탑신
부는 1층 옥개 하부에 별도의 차양칸을 마련한 후 5층으로
구성하였는데 상층으로 올라가면서 체감율이 크지 않아
웅장한 외관을 형성하고 있다. 탑신부에는 상층으로 올라
갈 수 있는 계단을 마련하였으며, 탑신 외곽에 난간을 마련
하여 멀리까지 풍경을 조망할 수 있도록 하였다. 각 층 탑
신 내부에는 불상을 봉안하고 별도의 예불 공간을 마련하
였다. 각 층마다 명대 이후 부착한 별도의 편액이 있는데,
1층은 '萬古觀瞻', 2층은 '天宮高聳', 3층은 '釋迦塔', 4층은
'天下奇觀', 5층은 '峻极神工' 등의 편액이 달려 있어 다양한
의미가 부여되었음을 알 수 있다. 상륜부는 높이가 약
12m이며, 철제를 활용하여 원형의 앙화와 보륜 등을 순서

대로 올렸다. 여러 번에 걸친 보수 공사 시에 다양한 유물들이 수습되었는데,
석가모니의 眞身舍利 2과를 비롯하여 銀盒, 塑造像, 遼代 刻經과 寫經 등이 있
다. 1974년 7월에 목탑을 수리할 때에는 석가모니상의 복장물에서 다량의 요대
佛經이 출토되기도 했다.

탑은 요나라 道宗 淸寧 2년(1056년)에 건립하였으며, 금나라 때인 1195년에
오늘날과 같은 완비된 모습을 갖추게 되었다고 한다. 이후 명대에 들어와 대대

적인 중수가 이루어졌으며, 그 이후에도 부분적인 보수가 시행되었는데, 변형되지 않고 요대 목탑의 원형을 그대로 유지하고 있어, 건립 시기는 다르지만 한국의 法住寺 五層木塔, 일본의 法隆寺 五層木塔 등과 함께 동아시아 木塔史에서 학술적으로 귀중한 자료로 평가받고 있다.

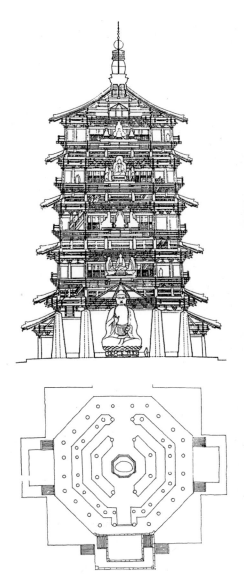

2) 대동 영구 각산사탑(大同 靈丘 覺山寺塔)

이 탑은 山西省 大同市 靈丘縣 紅石塄鄉에 있는 筆架山에 위치한 覺山寺 경내에 세워져 있다. 각산사는 北魏 효문제 때인 太和 7년(483년)에 창건된 사찰로 전해지고 있으며, 淸代에 들어와 대대적으로 중창되어 현재와 같은 모습을 갖추게 되었다고 한다. 탑은 사역의 서쪽에 위치하고 있으며 평면 8각형의 밀첨식 13층 전탑으로 높이는 약 43.5m이다.

탑의 기단부는 크게 3단으로 구성된 전형적인 수미단 형식이다. 중단에는 다양한 조각상과 문양을 새겼는데 道敎的인 요소도 반영되어 있는 것으로 이해되고 있다. 상단은 연화좌를 마련하여 탑신부를 받치도록 하였다. 1층 탑신은 모서리마다 원형 기둥을 세워 8각으로 구획하였으며, 문비와 광창을 교차하여 배치하였다. 각 층의 옥개부는 하부에 공포부를 구성하고 처마위에 기와지붕을 올려 목조건축물의 지붕부 구성수법을 사실대로 번안하였다. 이와 같이 각 층 옥개 하부에 공포부를 구성한 조영기법은 다른 요대 전탑에서는 보기 드문 수법이다. 상륜부는 8각으로 구성된 2단의 연화좌 위에 원형의 복발과 보륜 등을 순서대로 올려 마무리 하였는데 비교적 원형을 잘 유지하고 있어 요대 전탑의 상륜부 구성 수법을 이해하는데 유용하다.

옛 모습

탑은 전체적인 외관뿐만 아니라 양식에 있어서도 요대 밀첨식 전탑의 전형을 보여주고 있다. 관련 기록에 의하면, 이 탑은 요나라 불교가 가장 흥성했던 大安 6년(1090년)에 건립되었다고 한다.

3) 대동 선방사탑(大同 禪房寺塔)

이 탑은 山西省 大同市 南郊區에 있는 禪房寺를 감싸고 있는 塔兒山의 丈人峰 정상에 위치하고 있다. 탑은 2005년도에 대대적인 보수 공사가 이루어져 원래의 모습을 구체적으로 알 수 없지만, 현재 평면 8각형의 7층 누각식 전탑이며 높이는 약 20m이다. 그리고 이 탑은 명나라 때 편찬된 『大同府志』, 청나라 順治 年間(1644~1661년)에 편찬된 『雲中郡志』, 청나라 道光 年間(1821~1850년)에 편찬된 『大同縣志』 등에 수록되어 있어 선방사의 전탑으로 7층이었음을 알 수 있다.

탑은 넓은 암반 위에 석축 형식의 기초부는 마련하여 올렸는데 기단부는 보수되어 원래의 모습을 알 수는 없지만 수미단 형식으로 구성되었을 것으로 보인다. 탑신부는 탑신의 높이와 옥개의 좌우너비가 상층으로 올라가면서 약간씩 체감되어 안정감을 갖도록 하였다. 현재의 2층 탑신은 문비와 광창을 교차하

여 배치하였으며, 3층과 4층 탑신은 각 면에 각 1개씩의 소형 불감을 마련하였다. 옥개는 간략한 공포부와 처마부가 번안된 지붕부를 올렸고, 합각부에는 길게 용두가 장식된 사래를 빼어 풍탁을 달았다. 현재 상륜부는 원구형의 복발과 보륜을 올려 마무리하였으나 최초 건립 당시의 모습은 아닌 것으로 보인다.

선방사는 唐代에 창건된 大同市의 古刹로 遼代에 들어와 중창되었으며, 이때 장인봉 정상에 전탑이 건립된 것으로 전해지고 있다.

옛 모습

대동시박물관 소장 요대 유물

은제 그릇

채색소조 魂罐　　　　용형손잡이 동제 정병　　　　大同市 華嚴寺 요대 석불 좌상

6. 북경시 北京市

1) 북경 밀운 야선탑(北京 密雲 冶仙塔)

이 탑은 北京市 密雲區 檀營鎭 三仙洞에 있는 冶山의 정상부에 위치하고 있는데, 이 일대는 신선들과 관계가 깊은 것으로 전해지고 있다. 옛날에 한 선인이 탑의 꼭대기에 등잔을 매달았는데, 그 빛이 멀리에서 보면 마치 별이 반짝이는 것과 같아 冶仙塔이라 불리게 되었다고 한다. 탑은 평면 8각형으로 전체 높이는 약 12m이며, 1층과 3층은 누각식, 2층은 탑신을 낮게 마련한 밀첨식 양식이다.

기단부는 크게 3단으로 구성된 수미단 형식으로 공포가 마련된 난간과 연화좌를 마련하여 탑신부를 받치도록 하였다. 1층과 3층 탑신은 모서리마다 원형기둥을 세워 8각형으로 구획하였으며, 문비와 광창을 교차하여 배치하였다. 1층 문비는 폐쇄형으로 상부를 아치형으로 하여 그 안에 불상을 안치하였고, 3층 문비는 개방형으로 구성하였다. 3층 탑신 하부에는 기단부처럼 별도의 난간형 받침을 마련하였다. 옥개는 공포부와 겹처마로 구성된 지붕부를 올려 마무리하였으며, 상륜부는 2단의 연화받침과 보주를 올렸다.

탑은 1988년 가을에 조사가 실시되었는데, 地宮에서 정병, 접시, 경통 등 40여점의 자기류와 70여개의 송나라 銅錢이 수습되었다. 자기류는 조형미가 우수한 최상품으로 평가되었다. 그리고 《重修冶仙塔碑記》에 의

하면, 이 탑은 요나라 重熙 8년(1039년)에 건립되었으며, 이후 청나라 때인 乾隆 43년(1778년)과 光绪 15년(1889년)에 중수되었다고 한다. 또한 문화대혁명 때 훼손되었다고 하며, 최근에 전면적인 보수가 실시되었다.

密雲 碑林 전경 密雲 碑林 석당

北京首都博物館 소장 밀운 야선탑 출토 유물

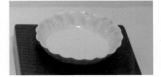

백자 연화형 원형 대접

청자 연화형 바리

녹유 정병 백자 인화문 사각대접

2) 북경 방산 호천탑(北京 房山 昊天塔)

랑향다보불탑(良鄉 多寶佛塔), 랑향탑(良鄉塔)

이 탑은 北京市 房山區 良鄉鎭에 있는 昊天公園 한 가운데에 세워져 있는데, 隋代에 사찰이 창건되면서 탑이 처음 건립되었다고 한다. 이후 탑은 遼代에 들어와 대대적인 중수가 이루어져 오늘에 이르고 있으며, 평면 8각형 5층의 누각식 전탑으로 전체 높이는 약 36m이다. 탑은 북경지역에서는 유일한 요나라의 누각식 전탑으로 알려져 있다.

기단부는 수미단 형식인데 정면에 계단이 설치되어 있으며, 탑 내부를 통하여 상층으로 올라갈 수 있도록 시설되어 있다. 기단부 표면에는 사자상을 비롯한 각종 동물상과 신장상 등을 조각하였으며 공포가 마련된 난간 형식의 받침대를 구성하여 탑신부를 받치도록 하였다. 탑신부는 상층으로 올라가면서 조금씩 체감되어 안정감 있게 외관을 형성하였으며, 각 층의 탑신 하부에 공포부가 있는 별도의 받침단을 마련하였다. 각 층의 탑신 4면에는 개방된 아치형 문과 광창을 교차하여 배치하였으며, 그 주변에 4각형 홈이 시공되어 있는 것으로 보아 조각상을 부착하였거나 별도의 시설이 있었던 것으로 보인다. 각 층은 동일한 조영기법을 보이고 있다. 상륜부는 8각형의 노반형 받침과 연화좌를 마련하여 보주 등을 올려 마무리하였다.

탑은 각 층의 탑신 하부에 공포가 있는 별도의 받침부를 마련하고, 탑신을 높게 구성한 전형적인 누

각식 전탑으로 요나라 전탑에서는 보기 드문 외관과 양식을 갖추고 있다.
이러한 모습은 수대에 건립된 원래의 전탑 양식을 부분적으로 유지하면서
요나라 때 중건(咸雍 4년, 1068년)하였기 때문으로 보인다. 또한 이 탑에는 명
대와 청대의 전탑 요소도 반영되어 있는데, 이러한 것은 중수 과정에서 개수
와 변형이 이루어졌기 때문으로 추정된다.

3) 북경 방산 만불당화탑(北京 房山 萬佛堂花塔)

이 탑은 北京市 房山區 永定鎭 萬佛堂村의 萬佛堂 북쪽에 있는 半山 중턱에 위치한다. 이 일대는 당나라 開元 연간(713~741년)에 龍泉寺가 창건되었다가 나중에 大曆禪寺로 이름을 바꾸었으며, 그 이후 원대와 명대에 대대적인 중수가 이루어졌다고 한다. 현재 사지에는 唐 大曆 5년(770년)에 조각된 萬佛法會圖가 있는 孔水洞石刻, 萬佛堂塔, 원나라 때의 7층 전탑, 명·청대의 석비 등이 남아있다. 이 중에 만불당화탑이 요나라 때 사찰이 크게 중창되면서 새롭게 건립된 탑으로 기단부와 1층 탑신부는 평면 8각이며, 상부는 원통형으로 구성된 화탑 형식으로 전체 높이는 약 24m이다.

탑은 사역에서 높은 지점에 세워졌는데 기단부는 전형적인 수미단 형식으로 하대에는 작은 감실을 마련하여 사자상을 돌출되게 새겼으며, 중대는 보살상과 비천상을 비롯한 다양한 문양을 장엄하였고, 상대는 공포로 구성된 난간형 받침대를 마련하여 탑신부를 받치도록 하였다. 기단부의 각 면마다 서로 다른 다양한 조각상과 문양을 배치하여 장엄한 구성기법이 돋보인다. 1층 탑신은 모서리에 8각형 기둥을 세워 구획하였는데 아치형 문비와 광창을 교차하여 배치하였다. 그리고 문비와 광창 주변에 다양한 조각상을 부착 형식으로 배치하였는데, 洛陽 白馬寺로 불교가 처

음 전래되는 과정, 문수와 보현보살의 중생구제 모습 등 경전에 있는 고사를 생동감 있게 표현하였다. 요대 전탑에서 1층 탑신에 비천상 등을 새겨 장엄한 경우는 많으나 만불당화탑에서처럼 경전에 나온 이야기를 기초로 하여 조각상으로 표현한 사례는 매우 드물다. 또한 공포와 공포 사이의 포벽에도 기악상과 무용상을 배치하여 장엄을 더하였다. 옥개는 다포양식의 공포로 구성하였고 그 위에 겹처마와 기와를 올려 지붕부를 사실대로 번안하였다. 옥개 위에는 8각으로 구성된 별도의 난간형 받침을 마련하여 그 위에 원통형으로 높게 구성된 화형 탑신을 올렸다. 화형 탑신 표면에는 원형으로 정각형 탑을 표현하였는데 총 9단으로 구성하였으며, 각각의 정각형 탑에 감실을 마련하여 그 안에 1구씩의 불상을 봉안하였다. 그리고 각 단의 하부에는 별도의 공간을 마련하여 사자상, 코끼리상 등 다양한 상들을 돌출되게 조각하여 수호의 의미와 함께 생동감을 더해주고 있다. 원통형 탑신 정상부에는 8각의 받침대가 마련되어 있는데, 그 위에 상륜부가 올려 졌던 것으로 보이나 현재는 남아있지 않다.

요나라 때 건립되기 시작한 화탑은 크게 성행하지는 않았지만 금나라 이후에도 건립되었는데, 『華嚴經』에 나와 있는 '蓮華藏世界'를 표현한 것으로 알려져 있으며, 極樂淨土世界와도 관련되어 있다. 이 탑은 탑신의 벽돌에 새겨진 명문에 의하여 요나라 咸雍 6년(1070년)에 처음 건립된 이후 여러 번에 걸쳐 중수가 이루어졌음을 알 수 있으며, 중국에 현존하는 花塔 중에서 가장 이른 시기에 건립된 것으로 확인되고 있다.

코끼리상

사자상

萬佛堂 전경

萬佛堂塔(元代)

4) 북경 계태사 법균대사탑(北京 戒台寺 法均大師塔)

법균대사 묘탑(墓塔, 靈塔, 北塔)과 의발탑(衣鉢塔, 南塔)

戒台寺는 戒壇寺라고도 하며 北京市 門頭溝區 永定鎭 馬鞍山에 위치한 사찰이다. 수나라 때 慧聚寺라는 이름으로 창건되었으며 요나라 때 대대적으로 중창되었는데, 특히 法均大師가 戒壇을 설치하여 중국의 3대 계단 사원 중에 하나가 되었다. 법균대사(1021~1075년)는 계태사의 계단을 설치하는 등 중창 불사를 주도하다가 大康 원년(1075년) 3월 4일 戒台寺에서 세수 55세로 입적하였다. 이에 문도들이 4월에 다비식을 거행한 후 5월에 戒壇院 앞에 2기의 탑을 좌우로 나란히 건립하였다고 한다. 북탑은 靈塔으로 평면 8각 7층의 밀첨식 전탑으로 높이는 약 13m이며, 남탑은 법균대사의 가사와 식기 등을 봉안하여 衣鉢塔이라고 하는데 평면 8각 5층의 밀첨식 전탑으로 높이는 약 12m이다.

北塔의 기단부는 연화좌가 마련된 전형적인 수미단 형식이며, 1층 탑신을 높게 하여 문비와 광창을 교차하여 배치하였다. 그리고 탑신 상부에 하엽형 연화문을 기교있게 장식하였다. 2층 이상의 탑신 하부에는 안상이 새겨진 독특한 형식의 탑신 괴임을 마련하였다. 모든 층은 옥개의 하부에 공포를 두었으며 처마와 낙수면에 여러 단으로 구성된 받침단을 마련하였다. 상륜부는 만개한 연화좌를 여러 단으로 구성하고 꼭대기에 보주를 올려 마무리하였다. 북탑은 정면에 편액을 마련하여 '大遼故崇禄大夫守司空傳菩薩戒壇主普賢大師之靈塔'이라 하여, 이 탑의 성격을 알 수 있도록 했으며,

법균대사 행적비(1091년)

남탑

북탑　　　　　　　　　　　　　남탑

말미에 '大明正统十三年中秋日築壇知幼道浮重建'이라 하여 1448년 8월에 중
건되었음을 알 수 있다.

　南塔의 기단부는 연화좌가 마련된 수미단 형식으로 표면에 별다른 문양
을 새기지는 않았다. 1층 탑신은 모서리마다 石幢形 탑을 세워 8각형으로 구
획하였으며, 문비와 광창을 교차하여 배치하였다. 그리고 탑신 상부에 하엽
형 연화문을 장식하고 그 위에 공포와 겹처마로 구성된 지붕을 올렸으며 낙
수면은 받침단으로 처리하였다. 각 층의 옥개는 동일한 조영기법을 보이고
있으며, 상륜부는 8각형으로 이루어진 노반을 높게 올린 다음 여러 단으로
구성된 연화좌를 마련하여 보주를 올렸다. 남탑도 후대에 중수되었지만 북
탑보다는 요나라 때 건립된 탑의 원형을 비교적 잘 유지하고 있다.

　그리고 북탑 옆에는 戒台寺의 연혁, 법균대사의 행적과 靈塔 관련 내용
을 기록한 《故壇主守司空大師遺行之碑》가 있는데 비문에 의하면, 大安 7년
(1091년) 8월에 건립되었음을 알 수 있다. 요나라 때 건립된 법균대사탑은 당

戒台寺 戒台殿 戒壇

戒台寺 입구

시 1명의 고승에 대하여 2기 이상의 탑이 건립되었으며, 佛塔의 규모에 버금
가는 대형의 墓塔을 건립하여 高麗와 차이를 보이는 사례라고 할 수 있다.

　※ 戒台寺 石經幢

　戒台寺 明王殿 앞에는 좌우로 나란히 2기의 석경당이 건립되어 있는데
1075년 법균대사를 기념하기 위하여 건립한 것이라고 한다. 표면에 尊勝陀羅
尼가 새겨져 있으며 북경지역에서는 가장 오래된 石經幢으로 알려져 있다.

5) 북경 해정 보암탑(北京 海淀 普庵塔)

보안탑(普安塔)

이 탑은 北京市 海淀區 四季青鄉 四王府村에 있는 普陀山 중턱에 위치한다. 군부대 안에 건립되어 있어 접근이 어려운 상태이다. 현재 탑만 남아있어 사찰이 있었음을 알 수 있는데 탑은 평면 8각형 7층의 밀첨식 전탑으로 전체 높이는 약 9m이다. 기단부는 수미단 형식이며, 1층 탑신에 개방된 아치형 문과 광창을 마련하였다. 1층 옥개는 공포 위에 처마를 구성하였다. 2층 이상의 옥개는 처마부를 여러 단으로 구성하였다. 그리고 普庵塔은 山西省 大同市 怀仁縣의 清凉山 정상에 건립되어 있는 요대의 華嚴寺塔과 유사한 조영 기법과 양식을 보이고 있는 것으로 알려져 있다.[6]

탑은 요대에 처음 건립된 것으로 전해지고 있으며, 탑 내부의 소형 감실에서 명대의 보살상이 1구가 수습된 것으로 알려져 있다. 그리고 1980년대에 대대적으로 수리되어 오늘에 이르고 있다.

옛 모습

---

6 山西省 大同市 怀仁縣의 清凉山 정상에 華嚴寺塔은 遼塔이지만, 조사가 어려워 별도의 항목으로 소개하지 않았다.

6) 북경 방산 천개탑(北京 房山 天開塔)

이 탑은 北京市 房山區 韓村河鎭 天開村에 있는 龍門生態園(天開寺廟群) 내에 위치한다. 天開寺는 북경 지역의 고찰로 漢나라 때 창건된 것으로 전해지고 있다. 이후 당나라 때인 663년에 天開塔이 건립되었으며, 719년에 크게 중수되었다고 한다. 요대에 들어와 天開寺가 대대적으로 중창되어 크게 번성하였으며, 금대에는 戰亂으로 폐사되었고 탑도 훼손된 채로 남게 되었다고 한다. 1986년에는 탑에서 放光하는 기이한 현상이 나타났으며 1990년 6월 地宮을 발굴하여 사리 3과가 봉안된 소형 석탑과 단향목으로 조성된 목조불 좌상을 비롯하여 20여점의 유물이 수습되었다. 그리고 2005년부터 수리·복원을 시작하여 2006년 7월 준공되었다. 탑은 평면 8각형의 3층 누각식 전탑으로 높이는 약 15m이다.

지궁에서 발견된 소형 석탑의 표면에 새겨진 명문에 의하면, 1109년 탑을 대대적으로 중창할 때 새롭게 석함을 마련하여 사리를 봉안하였으며, 이듬해 7월 7일 완공하였다고 한다. 지궁에서 수습된 소형 석탑은 北京 房山의 雲居寺에 소장되어 있다. 현재 복원된 탑은 唐代와 요대 전탑의 구조와 양식이 혼재되어 있는 모습이다.

옛 모습

천개탑 지궁 출토 유물

소형 사리석탑(북경 운거사 소장)

소형 사리석탑 명문

소형 사리석함 탁본(1109년, 천개사 전시관 소장)

숟가락(천개사 전시관 소장)

목제 의자(천개사 전시관 소장)

7) 북경 방산 운거사 나한탑(北京 房山 雲居寺 羅漢塔)

운거사북탑(雲居寺北塔), 홍탑(紅塔).

이 탑은 北京市 房山區 大石窩鎭 水頭村 石經山에 있는 운거사 경내에 위치한다. 운거사는 수나라 때 창건된 사찰이며, 당나라 때 金仙長公主가 머물면서 石經 사업을 펼치면서 크게 중창하여 玄宗이 雲居寺라 절 이름을 내렸다고 한다. 이후 요대에 크게 중창되었는데 이때 남탑과 북탑을 비롯한 여러 탑들이 건립되었다. 그리고 명대에 들어와 대대적인 경전 간행사업이 이루어져 오늘날까지 다양한 경전 봉안 사찰로 명성이 높다. 羅漢塔은 藏經塔으로 불리는 남탑과 대비되게 다른 양식으로 북쪽에 건립되었으며, 탑은 평면이 8각형인 2층의 누각식 탑으로 전체 높이는 약 30m이다.

기단부는 전형적인 수미단 형식으로 하단은 표면에 法舍利塔과 淨法界眞言이 새겨진 塔塼을 일렬로 부착하였다. 그리고 중단은 각 면에 3개의 안상형 감실을 마련하여 그 안에 사자상을 돌출시켜 조각하였다. 상단은 하부에 비천상, 공양상, 신장상, 기악상, 화문 등 다채로운 조각상을 장엄하였고, 그 위에 공포부로 구성된 받침대를 마련하여 탑신을 받치도록 하였다. 탑신부는 2층의 누각식으로 구성하였는데 각 층 탑신은 모서리에 8각형 기둥을 세워 8각으로 구획하였으며, 4면에는 개방형 문을 배치하고 나머지 4면에는 상

옛 모습

하로 인방을 가로질러 광창을 마련하였다. 그리고 옥개는 다포 양식의 공포와 겹처마로 구성한 다음 기와를 올렸으며, 합각부의 처마를 살짝 치켜 올려 경쾌

한 인상을 주고 있다. 2층 탑신도 1층과 동일한 조영기법으로 구성되었다. 2층 옥개 위에는 여러 단으로 구성된 8각의 받침대와 복발형 받침을 마련한 다음 상부를 보륜형으로 높게 구성하였다. 상륜부는 8각형과 원형 받침대를 마련하여 여러 잎으로 구성된 연판형 받침 위에 보주를 올려 마무리 하였다.

　　탑은 기단부와 탑신부가 전형적인 요나라 전탑 양식을 보이고 있는데, 상부의 독특한 조영기법은 天津 觀音寺 白塔 등 일부 요대 전탑에서만 적용된 기법으로 金代 전탑에서도 일부 나타나고 있다. 탑은 요나라 重熙 年間 (1032~1055년)에 운거사가 대대적으로 중창될 때 처음 건립된 것으로 전해지고 있다.

雲居寺 삼문

雲居寺 遼代 石經幢

雲居寺 나한탑(북탑)과 장경탑(남탑)

8) 북경 서성 천녕사탑(北京 西城 天寧寺塔)

이 탑은 北京市 西城區에 있는 天寧寺에 세워져 있는
데, 천녕사는 北魏 孝文帝 때 光林寺로 창건되어, 宏業寺,
天王寺, 大萬安禪寺 등 시대별로 여러 이름으로 불리다가
원나라 때 병화로 소실되었다고 한다. 이후 명나라 때 중
건되어 天寧寺라는 이름을 갖게 되었고, 청대에도 여러
번에 걸쳐 중수되어 오늘에 이르고 있다. 탑은 사역의 한
가운데에 건립되어 있으며 평면 8각의 밀첨식 13층 전탑
으로 전체 높이는 약 57.8m로 북경에서는 最高의 전탑으
로 알려져 있다. 이 탑은 요나라 때 건립된 이후 몇 번의
중수가 있었지만 비교적 원형을 잘 유지하고 있으며, 전
형적인 요대 전탑 양식을 가지고 있다.

기단부는 여러 단으로 구성된 수미단 형식인데 안
상형 불감을 마련하여 그 안에 사자상과 불보살상 등을
조각하였다. 또한 기단 상부는 간략한 공포부가 있는
난간 형식으로 받침대를 마련한 후 그 위에 연화좌를
올렸다. 난간 형식의 받침대 표면에는 꽃무늬 등 다양
한 문양을 새겼는데, 일부는 후대에 중수되면서 첨가된
것으로 보인다. 탑신부도 1층 탑신을 다른 층에 비하여
현저하게 높게 구성하였으며, 2층 이상은 전형적인 밀
첨식 구조를 가지고 있다. 1층 탑신은 비천용이 조각된
원형기둥을 세워 8각형으로 구획하였으며, 다포양식
공포부와 겹처마를 올려 지붕부를 구성하였다. 탑신은
문비와 광창을 교차하여 배치하였는데 문비가 새겨진
탑신면은 문비 좌우에 소조로 제작한 수호 신장상을 부

착하였으며, 상부에는 천개와 비천상으로 장엄하였다. 또한 아치형 문비의
상부에는 삼존불을 봉안하였다. 광창이 새겨진 탑신면은 광창 좌우에 소조
로 제작된 보살입상을 1구씩 조성하였으며, 상부에는 문수와 보현보살상 등
탑신 면에 따라 여러 불보살상을 배치하였다. 상륜부는 연화좌 등으로 구성
하였는데, 후대에 보수하는 과정에서 현재와 같은 모습을 취하게 된 것으로

보인다. 탑은 사찰의 연혁과 관련 연구들에 의
하여 요나라 大康 9년(1083년) 건립된 것으로 추
정되고 있다.

天寧寺 重修碑(1756년)

天寧寺 御製 重修碑(1782년)

9) 북경 통주 연등탑(北京 通州 燃燈塔)

연등불사리탑(燃燈佛舍利塔), 통주탑(通州塔)

이 탑은 北京市 通州區 大成街 佑勝敎寺에 건립되어 있으며, 현재 평면 8각형의 13층 밀첨식 전탑으로 높이는 약 45m이다. 이곳은 관련 기록에 의하면, 北朝시기에 창건되어 唐代에 중수된 사찰이 있었던 곳으로 요대 重熙 연간(1032~1055년)에 사찰이 크게 중창되면서 탑도 대대적으로 중건된 것으로 전해지고 있다. 이후 무너지자 여러 번에 걸쳐 중수되었으나 문화대혁명 때 훼손되었으며, 1976년 唐山대지진으로 크게 파손되었다고 한다. 그리고 1980년대에 들어와 대대적으로 중수가 이루어지면서 오늘날에는 京抗대운하 북단의 표식적 유물로 알려져 있다. 탑은 전체적으로 전형적인 요대 전탑의 특징을 함유하고 있는데 기단부는 원래의 모습을 일부 간직하고 있지만 탑신부는 요대 밀첨식 전탑을 모방하여 새롭게 건립한 모습이다.

한편 파손되어 남아있지 않지만 河北省 涿州市 普化寺에도 밀첨식 양식으로 2층 이상의 탑신을 다소 높게 하여 처마부에 공포를 구성한 요나라 탑이 전해지고 있었다. 이처럼 2층 이상의 탑신에 공포를 구성한 요탑으로는 朝陽 八棱觀塔, 朝陽 喀左 大城子塔, 赤峰 巴林左期 上京南塔, 張家口 涿鹿 鎭水塔 등에서 확인되고 있는데, 일반적이지는 않았던 것으로 파악되고 있다. 현재 새롭게 복원된 通州 燃燈塔은 현존하지는 않지만 涿州市에 있었던 普化寺塔과 양식적으로 강한 친연성을 보이고 있어 주목된다.

河北 涿州 普化寺塔

10) 북경 방산 조탑(北京 房山 照塔)

이 탑은 北京市 房山區 南尙樂鎭 塔照村에 있는 塔山에서 흘러내린 능선에 위치하고 있으며 주변에 사찰의 흔적이 없는 것으로 보아 風水塔으로 알려져 있다. 한편《房山縣志》에 金粟山의 정상에 있다고 전재되어 있다. 탑은 평면 8각형 7층 밀첨식 전탑으로 높이는 약 15m이다.

기단부는 여러 단으로 구성된 수미단 형식인데, 후대에 보수되어 원래의 모습은 알 수 없지만 간략화 된 구성 기법을 보이고 있다. 기단의 중대 부분에 眼象形 佛龕을 마련하여 그 안에 다양한 모습의 조각상을 배치하였다. 1층 탑신은 다른 요대 전탑과 달리 벽돌을 가로와 세로 쌓기 등 다양한 방식을 활용하여 쌓았으며 폐쇄형 문비와 광창을 교차하여 배치하였다. 탑신의 모서리에는 8각형 기둥과 벽선을 세워 구획하였으며, 공포 위에 겹처마를 올린 지붕부를 구성하였다. 2층 이상의 탑신은 상당히 낮게 구성하였으며, 옥개의 처마부와 낙수면을 여러 받침단으로 처리하였다. 상륜부는 훼손되어 남아있지 않다.

탑은 요나라 전탑 중에서는 소규모에 속하지만 기단부의 높이가 탑신부와 조화를 이루고 있으며, 탑신부가 상층으로 올라가면서 일정한 체감율로 안정된 외관을 형성하고 있어 조영 기법상 우수한 요대 탑이라 할 수 있다.

11) 북경 방산 옥황탑(北京 房山 玉皇塔)

이 탑은 北京市 房山區 大石窩鎭 高莊村에 있는 능선 상의 암반 위에 세워져 있으며, 탑 안에 玉皇大帝像을 봉안하여 玉皇塔이라 불리고 있다. 탑은 평면 8각형의 7층 밀첨식 전탑으로 높이는 약 15m이다.

기단부는 암반 위에 올렸는데 수미단 형식이기는 하지만 간략화 된 기법으로 구성되었다. 1층 탑신은 정면에 개방형 문을 마련하여 내부로 출입할 수 있도록 하였으며, 내부의 바닥이 심하게 파손되었지만 벽돌로 단을 마련하여 玉皇大帝像을 안치하였던 것으로 보인다. 내부의 벽체부는 중요 부분은 목재를 결구하고, 흙벽으로 처리하였으며, 상부는 벽돌을 원추형으로 쌓아 마감하였다. 1층 탑신의 나머지 면은 광창과 문비를 교차되도록 배치하였으며, 번안된 기둥 상부를 창방과 평방으로 연결하고 그 위에 주심포 양식의 공포와 겹처마로 구성된 지붕부를 올렸다. 지붕에는 기와를 올렸으며 2층 이상의 처마부는 받침단으로 처리하여 1층과 차이를 보이고 있다. 꼭대기 층인 7층에는 마루부를 높게 구성하여 그 끝에 용두를 올렸다. 상륜부는 파손되어 원래 모습을 알 수 없는 상태이다.

탑은 2004년도에 크게 보수되면서 부분적으로 변형이 이루어지기도 했지만 전체적인 외관과 1층 탑신의 구성 기법이 요대 탑의 요소를 보이고 있다.

12) 북경 방산 장공원 유사니탑(北京 房山 莊公院 劉師尼塔)

방산정광불사리탑(房山定光佛舍利塔), 장공원탑(莊公院塔), 초화사탑(超化寺塔)

이 탑은 北京市 房山區 周口店鎭 婁子水村에 있는 超化寺 또는 莊公院이라고 불리는 사찰에 위치하고 있는데, 이 사찰은 요나라 때 창건되어 명·청대에 중건되었다고 한다. 탑은 평면 8각형의 3층 밀첨식 전탑으로 높이는 약 7m로 작은 편이다. 탑은 특정한 신앙에 의하여 사찰 외곽의 능선 상에 건립된 3층의 소형 탑으로 定光佛舍利塔으로도 불린다.

기단부는 간략화 된 수미단 형식으로 낮게 구성하였는데, 회칠이 벗겨져 벽돌이 노출되어 있기도 하다. 노출된 벽돌을 통하여 가로와 세로로 교차하여 벽돌을 쌓았음을 알 수 있다. 기단 상부에는 하부가 內曲된 형태의 높은 괴임대를 두어 1층 탑신을 받치도록 하였다. 1층 탑신 정면에는 문이 달린 佛龕을 마련하였으며, 불감 내부는 두껍게 회칠하여 마감하였고 천정에 사각형 구멍이 뚫려 있어 탑 내부의 모습을 관찰할 수 있다. 탑신의 다른 면에는 광창과 문비를 교차하여 새겼다. 각 층의 옥개부는 동일한 조영기법으로 조성되었는데, 하부는 공포와 겹처마로 구성한 후 지붕을 올렸다.

탑은 규모는 작지만 서까래는 원형, 부연은 사각형으로 표현하는 등 정교한 조성 기법을 보이고 있다. 이 탑은 관련 기록에 의하면, 요나라 道宗 淸寧 2년(1056년)에 처음

庄公院 전경

건립되었다고 한다. 한편 劉師尼塔은 莊公院에 주석하였던 고승의 사리탑으로도 추정되며, 탑 옆에는 금나라 때 건립된 것으로 보이는 소형의 3층 전탑이 나란히 건립되어 있기도 하다.

莊公院塔(金代)

13) 북경 방산 영축선사탑(北京 房山 靈鷲禪寺塔)

편탑(鞭塔), 곡적산원탑(谷積山院塔)

보수 전 모습

이 탑은 北京市 房山區 靑龍湖鎭 北車營村에 위치한 靈鷲禪寺 외곽의 능선 상에 건립되어 있다. 영축선사는 北朝 때 창건되어 지속적으로 법등을 이어, 요-금-원대까지 번창하였던 사찰이었다. 특히 요대와 원대에 크게 중창되어 이 지역의 중심적인 사찰이었다고 한다. 지금도 사역에는 요대 탑을 비롯하여 원대와 명대의 法堂址, 탑파, 석비 등 많은 유적과 유물들이 넓은 범위에 걸쳐 산재되어 있어 대찰의 면모를 짐작할 수 있다.

이 중에서 요대 탑은 영축선사 뒤편으로 형성되어 있는 谷積山 능선 끝자락에 위치하고 있으며, 평면 6각형 7층의 밀첨식 전탑으로 전체 높이는 약 7m 정도이다. 후대에 보수되어 원래의 모습을 구체적으로 알기는 어렵지만 간략화 된 수미단 형식의 기단에 1층 탑신이 다른 층에 비하여 높게 구성된 탑신부를 올렸을 것으로 보인다. 현재 기단부와 1층 탑신의 옥개 처마부에 요대 전탑의 요소가 부분적으로 남아있지만 전반적으로 후대에 보수되는 과정에서 當代 탑파의 특징들이 반영되어 부분적인 변형이 이루어진 것으로 보인다. 한편 영축선사 내에는 여러 기의 석비가 있는데, 이중에 원나라 때인 至正 7년(1347년) 3월에 건립된 석비의 명문에는 高麗 승려 天湛과 관련된 내용이 기록되어 있어 주목되며, 향후 연구의 필요성이 있다.

靈鷲禪寺 석감 靈鷲禪寺 和尚塔(1479년)

靈鷲禪寺 鈴档塔(明代) 靈鷲禪寺 普光明殿 북편 '高麗僧天湛' 관련 석비(1347년)

靈鷲禪寺 전경

14) 북경 방산 운거사 노호탑(北京 房山 雲居寺 老虎塔)

이 탑은 北京市 房山區 大石窩鎭 水頭村의 운거사 배후에 있는 능선 끝 지점에 위치하고 있다. 전설에 의하면, 老虎塔이라는 이름은 오래전 산 속에 살던 호랑이가 운거사의 공양을 알리는 목탁소리에 맞추어 사람으로 변하여 사찰에 내려와 승려들과 함께 공양하고 사라지곤 하였는데, 이를 이상하게 여긴 스님들이 공양하는 방법을 바꾸자 더 이상 공양을 할 수 없게 되어, 호랑이가 산 정상에서 굶어죽게 되었고, 이를 알게 된 운거사의 스님들이 그 자리에 호랑이를 위한 탑을 세운 것에서 유래되었다고 한다.

탑은 평면 8각형의 밀첨식 5층 전탑으로 높이는 약 9m이다. 현재 암반 위에 탑을 세웠는데 기단은 대좌형식으로 마련하여 1층 탑신을 높게 구성한 5층의 탑신부를 올렸다. 1층 탑신은 문비와 광창 등을 교차하여 새겼으며, 2층 탑신은 표면에 안상형 문양을 장식하였다. 모든 층의 옥개는 처마부와 낙수면을 받침단으로 처리하였는데, 1층 옥개는 좌우 너비가 다른 층에 비하여 넓게 구성되어 독특한 외관을 형성하고 있다.

탑은 요대에 건립된 것으로 전하고 있으며, 현재의 모습은 후대에 보수되면서 많이 변형된 것으로 추정된다. 다만 정면 문비와 광창 등을 구성하고 있는 부재와 그 기법에서 부분적으로나마 요대 전탑의 특징을 엿볼 수 있다.

老虎塔에서 내려다 본 雲居寺 전경

15) 북경 영광사 초선탑(北京 靈光寺 招仙塔)

화상천불탑(畫像千佛塔)

이 탑은 北京市 石景山區 翠微山 자락에 있는 靈光寺에 있는데, 이 사찰은 唐代에 龍泉寺로 창건되어 金代에 覺山寺로 절 이름을 바꾸었다가 明代에 크게 중수하여 靈光寺로 고쳐 오늘에 이르고 있다. 현재 탑은 기단부만 남아있는데, 청나라 때에 편찬된『日下舊聞考』에 수록되어 있을 정도로 명성이 있었던 탑이었다. 탑은 원래 평면 8각의 13층 밀첨식 전탑이었다고 하는데, 1900년 전란으로 훼손되었다. 1901년에는 기단부에서 석함이 발견되었는데, 석함 위에 '釋迦牟尼佛靈牙舍利, 天會七年四月卄三日記 善慧書'라고 새겨져 있어, 금나라 때 들어와 새롭게 치아사리가 봉안되었음을 알 수 있게 되었다. 현재 이 치아사리는 靈光寺 법당 앞에 새로운 탑을 세워 봉안하였다.

탑은 기단부만 남아있지만 기단부가 상당히 우수한 조영기법을 보이고 있는 수미단 형식으로 크게 3단으로 구성되었다. 하단은 넓게 구성하였는데 모서리마다 가릉빈가와 연화문 등을 새겼다. 중단은 낮게 하여 각 면에 3개

씩의 안상형 불감을 마련하여 다양한 조각상을 배치하였다. 상단은 다포로 구성된 난간형 받침대로 포벽에는 사자상 등 다양한 문양을 장엄하였다. 그리고 기단을 구성하고 있는 벽돌은 사각형, 반원형 등 다양한 형태로 제작되었으며, 표면에 여러 형식의 탑이 새겨져 있다. 기단부의 조영 기법과 세부 장식 등으로 보아 우수한 장인에 의하여 탑이 설계 시공되었음을 알 수 있다.

탑은 관련 기록에 의하면, 요 丞相 耶律仁先의 모친이 건립하였는데 道宗 咸雍 7년(1071년)에 佛牙舍利를 봉안하였다고 한다. 현재 기단부만 남아있지만 요대 전탑의 우수성을 엿볼 수 있는 자료이다.

北京 靈光寺塔

北京 靈光寺 전경

16) 북경 창평 반절탑(北京 昌平 半截塔)

　　이 탑은 北京市 昌平區 東小口鎭 半截塔村의 도로변에 위치하고 있는데 사역으로 추정되는 일대가 민가와 공원으로 변하여 사찰의 흔적은 거의 확인되지 않는다. 현재 기단부와 탑신부의 일부만 파손된 채로 남아있지만 평면 8각형의 高層 塼塔이었음을 알 수 있다. 그리고 전하는 바에 의하면, 요나라 때 덕망이 높았던 老和尙이 건립하였으며, 노화상이 입적하자 탑 아래에 장사를 지냈다고 한다. 심하게 파손되었지만 절묘하게 붕괴되어 독특한 풍경을 연출하고 있다.

17) 북경 방산 운거사 정완법사탑(北京 房山 雲居寺 靜琬法師塔)

정완법사묘탑(靜琬法師墓塔), 개산완공탑(開山琬公塔)

이 탑은 석조로 건립된 스님의 묘탑으로 北京市 房山區 大石窩鎭 水頭村 雲居寺의 서편에 위치하며 바로 옆에 명나라 때인 1592년에 세워진《琬公塔院記》와 함께 세워져 있다. 원래는 水頭村 靜琬塔院에 있었던 것으로 탑은 평면 8각형의 밀첨식 3층 經幢形 석탑으로 높이는 약 6m이다.

기단부는 2단으로 구성되어 있는데, 하단은 평면 4각형이며 표면에 연화문과 보상화문을 장식하였다. 상단은 평면 8각형으로 하대에 圈雲紋을 가득 새겨 상서로운 분위기를 연출하였다. 탑신부는 1층 탑신은 높게 마련한 3층으로 구성되어 있는데, 1층 옥개석은 처마에 목조건축물의 지붕부를 사실대로 번안하였으며, 빈 공간에는 마름모 형태의 문양을 표현하였다. 그리고 처마 면에는 연화문이 표현된 암막새와 수막새를 섬세하게 새겨 넣었으며, 낙수면은 기왓골과 기왓등도 표현하였다. 2층과 3층 옥개석의 낙수면은 1층과 동일한 조영기법이며, 처마부는 3단의 받침단으로 처리하여 차이를 보이고 있다. 상륜부는 8각의 노반 위에 앙화와 복발을 올리고 그 위에 별석을 활용하여 7단의 보륜과 보주 등을 올려 마무리하였다. 이 탑의 옥개석과 상륜부의 일부 구성 기법은 唐代 석탑을 모방한 양식을 보이고 있어 주목된다.

靜琬法師는 당나라 때 크게 활약했던 승려로 운거사를 개창한 승려로 전해지고 있다. 법사는 운거사에서 末年을 보내다가 唐

옛 모습

貞觀 13년(639년)에 입적하였다고 한다. 그리고 이유는 알 수 없지만 遼나라 大安 연간(1085~1094년)에 이르러 靜琬法師의 靈骨을 수습하여 大安 9년(1093년)에 塔銘을 새겨 地宮에 넣고, 靈骨은 탑에 봉안하였다고 하여 독특한 이력을 가지고 있는 탑이다. 탑신 정면에는 '開山琬公之塔'이라고 새겨져 있다.

雲居寺 琬公塔院記(1592년)

18) 북경 방산 정혜대사영탑(北京 房山 正慧大師靈塔)

이 탑은 北京市 房山區 張坊鎭 張坊村 민가 사이에 위치하고 있다. 마을 사람들이 주변의 흙을 파내어 현재 탑은 높은 토축 위에 홀로 세워져 있는 듯하다. 탑은 평면 8각형의 밀첨식 經幢形 석탑으로 높이는 약 6m이다.

기단부는 여러 단으로 구성된 수미단 형식인데, 표면에 수호의 의미가 있는 사자상 등을 조각하였으며 상단에 연화대좌를 마련하여 탑신부를 받치도록 하였다. 탑신부는 1층 탑신을 높게 마련하였으며, 2층 이상의 탑신은 마련되지 않아 전체적인 외관은 밀첨식이다. 1층 옥개석은 처마부까지 목조건축물의 지붕부를 사실대로 번안하였으며, 2층부터는 처마부를 받침단으로 간략하게 처리하여 마무리하였다. 상륜부는 연화문과 구름문이 새겨진 여러 단을 받침부로 마련한 후 보주를 올렸다. 탑신 정면에는 '懺悔正慧大師靈塔'이라고 새겨져 있어 주인공과 묘탑적 성격의 석탑임을 알 수 있다.

正慧大師는 성이 齋씨로 河北省 永淸縣 출신이며, 어려서 출가한 이후 燕京의 天王寺를 비롯한 여러 사찰에서 수행과 중생을 구제하다가 요 天慶 6년(1116년) 1월 26일 입적하였다고 한다. 이에 문도들이 화장한 후 靈骨을 수습하여 탑에 봉안하였다고 한다. 현재 北京 中國國家博物館에는 1983년 河北省 淶源에서 출토된《正慧大師舍利塔小石碑》가 소장되어 있어, 정혜대사가 요나라 때 사리탑 건립 등 여러 불사를 주도한 유력한 승려였음을 알 수 있다.

正慧大師의 舍利塔 建立 小形 石碑(北京 中國 國家博物館)

요대 불상(北京首都博物館)

19) 북경 방산 운거사 속비장석경탑(北京 房山 雲居寺 續秘臟石經塔)

압경탑(壓經塔)

이 탑은 北京市 房山區 大石窩鎭 水頭村에 있는 운거사의 서편 南塔 옆에 세워져 있다. 탑은 평면 8각형 밀첨식의 經幢形 석탑이며 전체 높이는 약 5m이다.

기단부는 3단으로 구성된 수미단 형식으로 하단에는 각 면마다 해학적인 2마리의 사자상을 조각하고 상면에 연화문을 새겼으며, 중단은 각 면에 안상형 불감을 마련한 후 1구씩의 악기를 연주하는 공양상을 조각하였고 상단은 각 면에 4각형으로 구획하여 공양비천상을 배치하였다. 그리고 높은 연화대좌를 마련하여 탑신부를 받치도록 하였으며, 1층 탑신은 다른 층에 비해 현저하게 높게 마련하여 명문을 새겼다. 현재 옥개석은 7층까지 남아있는데 원래는 11층이었다고 한다. 1층 옥개석은 공포와 처마, 기왓등과 기왓골 등을 섬세하게 표현하였으며 2층 이상의 옥개석은 낮은 탑신 위에 2단의 받침단 등 간략한 치석수법을 보여 1층과 차이를 보이고 있다. 상륜부

는 좌우대칭으로 고사리문이 새겨진 2단의 연화 받침대만 남아있다.

탑은 전형적인 요대 石幢形 樣式의 석탑으로 지궁에서 발견된《大遼涿州涿鹿山雲居寺續秘藏石經塔記》에 따르면, 通理大師가 입적한 후 그의 제자들이 遼 天慶 7년(1117년)에 운거사 서남쪽에 굴(地穴)을 파서 刻經碑 등을 봉안하고, 이를 기념하기 위하여 그 위에 이듬해인 天慶 8년(1118년) 5월에 1기의 석탑을 세웠다고 한다. 굴에 봉안되었던 石經 등이 1958년 확인되기도 했다.

옛 모습

사자상

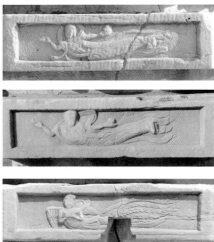

공양비천상

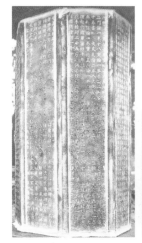

탑신 명문

雲居寺 續秘藏石經塔 地穴

雲居寺 續秘藏石經塔碑
(北京 首都博物館 소장)

20) 북경 순의 무구정광사리탑(北京 順義 無垢淨光舍利塔) 출토 유물

순의보탑(順義寶塔), 정광사리탑(淨光舍利塔), 남관탑(南關塔)

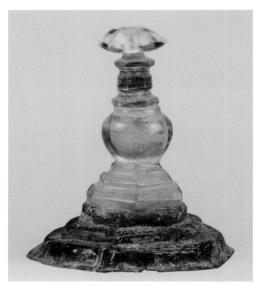

無垢淨光舍利塔 출토 遼代 水晶舍利塔

이 탑은 北京市 順義區에 있었던 古城의 남문 밖에 위치하고 있었으며, 南關塔이라고도 불렸다. 탑은 관련 기록에 의하면, 요 統和 25년(1007년)에 건립되었으며, 開泰 2년(1013년)에 地宮을 완성하였다고 한다. 원래의 탑은 평면 8각 13층 밀첨식 전탑이었는데, 청나라 때인 康熙 59년(1720년) 지진으로 크게 훼손되었다고 한다. 1960년대까지만 해도 파손된 기단부가 있었는데, 지금은 그마저도 남아있지 않다. 1963년 3월 장방형 지궁이 발굴되었는데, 그 안에서 요대에 봉안된 石經幢, 水晶舍利塔, 銀製盒,《建塔助緣功德碑》등이 발견되었고, 송대의 백자 연화문항아리, 백자 정병, 백자 소병 등이 수습되어 현재 北京 首都博物館에 소장 전시되고 있다.

옛 모습

北京 首都博物館 전경

北京 首都博物館 소장 순의 무구정광사리탑 출토 유물

遼代 銀製盒

遼代 建塔助緣功德碑

宋代 백자 연화문 항아리

宋代 백자 정병

宋代 백자 소병

21) 북경 방산 북정탑(北京 房山 北鄭塔) 출토 유물

북정촌요탑(北鄭村遼塔)

　　이 탑은 北京市 房山區 長溝鎭 北鄭村에 있었던 탑으로 평면 8각 13층 밀첨식 전탑이었다. 이곳은 隋唐時期에 번성했던 崇福寺로 전해지고 있으며, 탑은 遼 重熙 20년(1051년)에 건립되었다고 한다. 탑은 1977년 6월 갑자기 붕괴되었으며, 地宮과 塔身 등에서 60여점의 유물이 수습되었다. 지궁에서 舍利가 봉안된 石函(1051년)과 釋迦牟尼佛涅槃石像이 출토되었으며, 기단부 내부에서는 遼 應曆 5년(955년) 銘의《北鄭院邑人起建陀羅尼石幢》(현재 北京 房山 雲居寺 소장)을 비롯하여 소조상과 동자상 등 다양한 불상들이 발견되었다. 그리고 1층 탑신 내부에서는 요대의 채색된 陶塔 4기와 五代 長興 3년(932년)銘의 陶瓷 經幢(현재 北京 法源寺 소장) 등이 수습되었다.

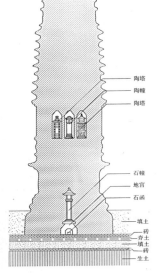

옛 모습

北鄭塔 유물 출토 위치도

北鄭塔 출토 石經幢
(北京 雲居寺 소장)

北鄭塔 출토 彩色 陶瓷塔
(法源寺 소장)

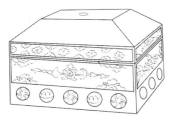

北鄭塔記

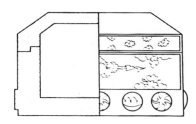
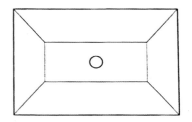

北鄭塔 출토 舍利石函(1051년) 실측도

北鄭塔 출토 石造涅槃像(1051년, 北京 首都博物館) 소장

북경 방산 북정탑 출토 유물 현황

出土 位置	出土 遺物
地 宮	舍利石函(1051年), 石造涅槃像, 陶瓷 접시, 銀製 바리, 銅製 바리, 銀製 접시, 銅製 숟가락, 銅鏡, 銀製佛幡, 銀製寶花, 銀製幡架, 銀製棍, 水晶 念珠, 舍利, 銅錢
基壇部	石經幢, 石刻, 碑片, 塑造 人面像, 陶瓷 童子像, 銘文 벽돌, 石造 佛像
塔 身	陶瓷幢, 陶瓷塔

22) 북경 방산 운거사 장경탑(北京 房山 雲居寺 藏經塔)과 출토 유물

운거사남탑(雲居寺南塔), 석가사리탑(釋迦佛舍利塔)

옛 모습

탑은 北京市 房山區 大石窩鎭 水頭村에 있는 운거사의 서편에 건립되었으며, 북탑인 羅漢塔과 대비되어 釋迦佛舍利塔이라고 하였다. 탑은 평면 8각형의 13층 밀첨식 전탑이었다. 그런데 1942년 일본군의 포격에 의해 완전히 훼손되어 터만 남아 있다가 2014년 重建되었다. 지궁에서 사리석함을 비롯하여 요대와 금대의 石經들이 상당량 출토되었다. 사리석함은 遼 天慶 7년(1117년)에 조성 봉안되었다는 명문이 새겨져 있어 탑의 건립 시기를 명확하게 알 수 있게 되었다. 그리고 요나라 때 봉안된 청동정병, 목조불감과 금동불좌상, 동제 향로 등 다양한 유물들이 출토되어 요나라의 풍성한 문화를 엿볼 수 있다. 현재 유물은 北京 首都博物館에 소장 전시되어 있다.

雲居寺 藏經塔址

북경 수도박물관 소장 운거사 장경탑 출토 유물

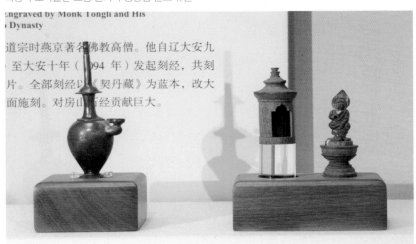

雲居寺 藏經塔 출토 청동 정병, 목조불감, 금동불상

雲居寺 藏經塔 출토 청동 향로

雲居寺 藏經塔 출토 舍利石函(1117년)

23) 북경 대흥 탑림(北京 大興 塔林) 출토 유물

11호탑 지궁 출토 금동불상

이 塔林은 北京市 大興區에 있었으며, 2008년 北京市 文物研究所에 의하여 발굴 조사되었다. 그 결과 요나라 와 금나라 시기에 걸쳐 건립된 25기 정도의 탑이 있었 던 것으로 밝혀졌다. 대부분의 탑이 심하게 훼손되었으 며, 기단부에는 지궁이 있었던 것으로 확인되었다. 조 사 당시 여러 지궁에서 승려의 舍利, 金銅佛, 經幢 등 다 양한 유물들이 수습되었다. 이 중에 1호탑과 11호탑이 요대에 건립된 탑으로 추정되었다. 1호탑 지궁에서는 석조여래상과 다양한 형태의 자기류가 출토되었고, 11 호탑 지궁에서는 금동여래좌상이 수습되었다. 현재 이 유물들은 북경 首都博物館에 소장 전시되고 있다.

1호탑 지궁 출토 石造大日如來像

1호탑 지궁 출토 도자기

24) 북경 선무 법원사(北京 宣武 法源寺) 사리함기(舍利函記)

　이 舍利函記는 요나라 때 탑을 건립한 후 塔銘과 後援者 등을 기록한 誌石形의 부재이다. 명문의 내용으로 보아 燕京에 건립된 요대 탑의 地宮에서 출토된 것으로 沙門 善制 등이 大安 10년(1094년) 윤4월에 사리를 봉안한 사실을 기록하였다. 그리고 門人이었던 義中이 쓴 것으로 기록되어 있다. 舍利函記와 관련된 유물들이 추가적으로 확인되어야만 구체적인 내용들을 알 수 있을 것으로 보인다.

北京 宣武 法源寺 舍利函記(1094년)

25) 북경 조양(北京 朝陽) 출토 사리석함(舍利石函)

　이 사리석함은 北京市 朝陽區에서 출토된 것으로 전해지고 있다. 현재 뚜껑은 남아있지 않고 몸체만 남아있는데 사각형의 石棺처럼 직육면체 형태로 제작되었다. 石函 외곽의 표면에 석가모니가 열반한 이후에 일어난 일들을 조각한 후 여백의 공간에 명문을 새겨 관련된 내용을 알 수 있도록 하였다.

　사리석함 외곽 표면의 1면에는 석가모니가 열반에 든 모습을 조각한 후 '頭北面西 叠足枕肱 順世無常 示生滅相'이라 새겼으며, 2면에는 석가모니의 유체 앞에서 슬퍼하는 모습을 조각한 후 '帝釋梵天 六欲諸天 各贈白氎 纏裹世尊'이라고 새겼다. 3면에는 열반한 석가모니가 화생하여 설법하는 모습을 조각한 후 '佛母來雙樹 崩摧棺槨前 痛心思月面 ○目睹金仙'이라 새겼으며, 4면에는 다비 후 수습한 사리를 8分하여 관에 봉안한 모습을 조각한 후 '拘屍城側 雙林樹間 茶毗舍利 置於金壇'라고 새겼다. 이 사리석함은 생동감 있고, 사실적인 요대 조각 기법의 수준을 그대로 보여주고 있다.

北京 首都博物館 소장 북경 조양 출토 사리석함

1면 : 頭北面西 叠足枕肱 順世無常 示生滅相　　　　2면 : 帝釋梵天 六欲諸天 各贈白氎 纏裹世尊

3면 : 佛母來雙樹 崩摧棺槨前 痛心思月面 ○目睹金仙　　　4면 : 拘屍城側 雙林樹間 茶毗舍利 置於金壇

7. 천진시 天津市

1) 천진 계주 관음사 백탑(天津 薊州 觀音寺 白塔)

어양군탑(漁陽郡塔), 독락사탑(獨樂寺塔), 천진백탑(天津白塔)

이 탑은 天津市 薊州區 薊縣城址 내에 있는 관음사에 건립되어 있다. 이 사찰은 요대에 獨樂寺로 창건되어 명대와 청대에도 중수되면서 법등이 이어졌다. 명대에 탑을 수리하고 觀音寺라 하였는데, 당시 탑 전체를 회칠하여 백색을 띠게 되어 白塔이라 불리게 되었다. 탑은 평면 8각형 전탑으로 수미단 형식의 기단부, 팔각과 원형이 혼용된 탑신부로 조영되었으며, 전체 높이는 약 20.6m이다.

기단부는 높게 받침부를 마련한 후 안상형 불감과 공포부가 마련된 난간형 받침대를 두었다. 그리고 표면에 주악상, 비천상, 무용상, 신장상, 연화문 등으로 화려하게 장엄하였다. 난간형 받침대 위에는 內曲된 형태의 독특한 탑신 괴임을 마련하였다. 1층 탑신은 石幢形의 八大靈塔을 세워 8각으로 구획하였으며 출입할 수 있는 문과 벽비를 교차하여 배치하였다. 문 상부는 아치형으로 표면에 귀면 등을 새겼으며, 좌우에 비천상을 조각하였다. 八大靈塔은 부등변 8각형으로 높게 기단부를 마련한 후 1층의 탑신부와 상륜부를 올려 마무리 하였다. 그리고 4면에 새겨진 벽비에는 각각 다른 명문이 새겨져 있는데, 동남면에는 '諸法因緣生 我說是因緣', 서남면에는 '因緣盡故滅 我作如是說', 서북면에는 '諸法從緣起 如來說是因', 동북면에는 '彼法因緣盡 是大沙門說' 등의 功德頌이다. 1층 옥개는 호형의 받침과 기와를 올린 지붕부를 구성하였으며 합각부에는 용두 장식 아래에 풍탁을 달았다. 2층은 탑신을 낮게 마련하였으며 옥개부는 1층과 동일하다. 또한 8각의 높은 받침

옛 모습

대를 마련하여 하엽형 연화문이 장식된 원형의 복발형 탑신을 올린 후 그 위에 여러 단으로 구성된 받침단과 기와를 올린 지붕부를 구성하였다. 다소 복잡한 구조로 조영되었지만 기와를 올린 지붕부로 보아 이 탑은 3층을 기본으로 하여 조성되었음을 알 수 있다. 탑의 정상부에는 13단으로 구성된 높은 보륜형 받침대를 마련하여 상륜부를 구성하였다.

　　탑은 隋代에 창건되었다고 전해지고 있으며, 1976년 당산대지진 때 크게 파손되어 1982년 수리되었는데 당시 사리석함이 발견되었다고 한다. 사리석함 내에서 금, 은, 수정, 자기, 옥기 등 다양한 유물이 수습되었다. 또한 사리석함 표면에 '中京留守兼侍中韓知白葬定光佛舍利一十四尊, 守司空補國大師沙門思孝葬釋迦佛舍利六尊 淸寧四年歲次戊戌四月二日記'라고 명문이 새겨져 있어, 이 탑이 요나라 淸寧 4년(1058년)에 중건된 것으로 확인되었다. 특히 이 탑은 요나라 전탑에서는 보기 드물게 亭閣式, 密檐式, 覆鉢式이 혼용된 독특한 양식을 가지고 있어 주목되고 있다.

觀音寺 白塔 重修碑(1594년)　　　　觀音寺 石幢

2) 천진 계주 천성사 고불사리탑(天津 薊州 天成寺 古佛舍利塔)

천성사사리탑(天成寺舍利塔), 반산사리탑(盤山舍利塔)

이 탑은 天津市 薊州區 翠屏山鄉의 盘山 莲花嶺 북쪽 翠屏山 天成寺에 건립되어 있다. 탑이 있는 천성사의 옛 이름은 福善寺로 창건 시기는 알 수 없지만 당대에서 청대에 이르기까지 여러 번에 걸쳐 중수되었다고 한다. 그러다가 1942년 일본군의 침략으로 사찰이 소실되었다. 현재 탑은 새롭게 중건된 천성사 大殿의 서쪽 편에 있는데, 주변에 명·청대의 墓塔들도 함께 건립되어 있다. 탑은 평면 8각형의 밀첨식 13층 전탑으로 전체 높이는 약 22.6m이다.

기단부는 후대에 보수가 이루어져 원래의 모습은 알 수 없으며, 현재는 3단의 대좌 형식으로 구성되어 있다. 그리고 그 위에 연화좌를 마련하여 탑신부를 받치도록 하였다. 1층 탑신은 문비와 광창을 교차하여 배치하였으며, 표면은 두껍게 회칠을 한 상태이다. 1층 옥개는 공포부와 받침단으로 구성된 지붕부를 올렸으며, 2층 이상은 공포를 마련하지 않았다. 이 탑의 특징적인 부분은 탑신면과 옥개의 처마면이 안쪽으로 살짝 휘어져 있어 부드러운 인상을 주도록 하였다. 현재 상륜부는 원통형으로 높게 받침부를 구성한 후 동으로 제작된 보주 등을 올렸는데 1980년에 새롭게 중수한 것이다. 그리고 탑이 명대에 중수되면서 사리와 불상 등을 모신 사리석함이 봉안된 것으로 확인되었다.

탑은 盤山風景區에 있는 3대 사리탑 중에 하나로

盤山三大塔 - 多寶佛舍利塔

盤山三大塔 - 定先佛舍利塔

당대에 처음 건립된 이후 요대에 대대적으로 중건되었다고 한다. 그리고 그
이후에 여러 번 중수를 거치면서 중수 당시의 특징들이 반영되어 부분적으
로 변형된 측면들을 보이고 있다.

天成寺 古佛舍利塔 옆 元代墓塔

天成寺 三星殿

3) 천진 계주 복산탑(天津 薊州 福山塔)

계명탑(鷄鳴塔), 단장자요탑(段莊子遼塔), 금장자요탑(金莊子遼塔), 복산요탑(福山遼塔)

이 탑은 天津市 薊州區 五百戶鎭 福山에 있는 香進寺 경내의 한가운데에 세워져 있다. 원래의 사찰 이름은 알 수 없지만 요대에 대대적으로 중창되면서 번창했던 것으로 보인다. 탑은 근현대시기에 많이 훼손되었는데, 특히 1976년 당산대지진으로 큰 피해를 입었다고 한다. 이후 1994년에 대대적인 보수공사가 실시되었는데, 당시 탑의 구조와 양식이 많이 변형된 것으로 보인다. 현재 탑은 평면 8각형이며 누각식과 밀첨식이 혼재되어 있는 듯한 전탑으로 전체 높이는 약 19m이다.

기단부는 후대에 변형이 이루어진 수미단 형식으로 구성되어 있다. 다만 상단을 공포부가 있는 난간형식으로 구성하여 요대 전탑의 특징을 보이고 있다. 기단 상부에는 '古浮圖', '觀音大士', '重修宝塔記事' 등의 명문을 새긴 壁碑가 남아있다. 1층 탑신은 낮은 괴임대를 마련하여 올렸는데 4면에 문비를 새기고 나머지 4면에는 2기씩의 八大靈塔을 배치하였다. 그리고 문비 위에는 2구의 비천상과 3기의 小形塔을 부조하였다. 1층 옥개의 하부는 다포양식의 공포부로 구성하고 상부는 받침단으로 처리하였다. 또한 1층 이상의 상부는 간략화된 공포부가 마련된 난간형 받침과 창호형의 낮은 탑신을 2단으로 구성하였으며 그 위에 별도로 공포부가 마련된 낮은 난간형 받침대를 추가하였다. 상륜부는 넓은 원형의 연화받침과 여러 단으로 구성된 받침대 위에 보주를 올려 마무리하였다.

탑은 오랜 세월과 지진 등으로 심하게 파손된 것을 후대에 보수하는 과정에서 변형이 많이 이루어졌지만 기본적으로 요대 전탑의 조영 기법과 양식을 함유하고 있다.

'古浮圖' 벽비

福山塔 벽비

부록

1. 요나라 강역도

북해

개

遼

동경도

고로락

부아리

오리미

월리길

태주　장춘주　합이빈

상경　　　　황룡주
파림좌기 ◎임황부
　　　용화주　　◎장춘
◎의곤주　　요　　◎통주

동해

중경　　하　심양
대정부　　◎심주　　◎록주
봉성주　　금주　　요양부
남경　　래주　　동경
석진부 ◎북경　　　개주
남경도　　　진주

발해　　소주

고

려

일

본

석가장

◎제남

송　　황해　　◎개성

2. 요탑 분포도(전체)

흑룡강성

송 화 강

○장춘

길림성

요녕성

○심양

북한

○평양

동해

○서울

황해

남한

일본

3. 요탑 분포도(지역별)

1) 요녕성

내몽고자치구

조양 북탑·조양 남탑·조양 동탑지

조양 오십가자탑

조양 괴수동탑

조양 동평방탑

조양 황화탄탑

조양 쌍탑사 동탑·서탑

부신 홍모자탑

조양 봉황산 운접사탑, 상사능

조양 봉황산 대보탑

금주 북

조양 객좌 대성자탑

건평

금주 의현 광성사

금주 의현 팔탑지

조양 팔릉관탑

금주 대광제사탑

호로도 남표 쌍탑구탑

금주 능해 반길화탑

조양 능원 십팔리보탑

호로도 남표 안창현탑

조양 객좌 대성자탑

호로도

호로도 흥성 백탑욕탑

호로도 흥성 마석구탑

하북성

호로도 수중 묘봉사 쌍탑

호로도 수중 서 주왜탑

발해만

대련 9

와방

대련

강평

강평 보탑사탑

길림성

영자탑

철령 개원 숭숭사탑(명)

신 반절탑지

부신 탑산탑

철령 은주 철령백탑

철령

심양 칠성산 석불사탑

신민 요빈탑

무순

쌍탑

무순 고이산탑

심양

무순 고이산탑

심양 무구 정광사리탑

심양 백탑

요양

환인

요양 백탑

안산

해성

요양 탑만탑

안산 향암사 남탑

안산 해성 은탑

안산 해성 금탑

요녕성

탑

단동

북한

황해

2) 내몽고자치구 · 길림성

호화호특 만부화엄경탑

포두

조해

몽

고

청해성

감숙성

영하
회족자치구

섬서성

호륜패이

흑룡강성

내몽고자치구

백성

장춘 농안요탑   송원

적봉 파림좌기 상경남탑, 상경북탑

적봉 파림우기 경주백탑

임서

통요

사평

장춘

길림성

적봉 오한기 오십가자탑

적봉 영성 중경대탑, 반절탑

적봉

적봉 원보산 정안사 백탑

적봉 오한기 오십가자탑

요녕성

북경

북한

천진

하북성

황해

산동성

3) 하북성 · 산서성

낭방 삼하 서관탑 출토유물
낭방 향하 서은사탑 출토유물
선화 불진사리탑
장가구 탁록 진수탑
보정 탁주 지도사탑
보정 탁주 운거사탑
보정 내수 서강탑
보정 내수 경화사화탑
장가구 울현 남안사탑
대동 선방사탑
대동
응현 불궁사 석가탑
삭주
영구
대동 영구 각산사탑
보정 역현 쌍탑
내몽고자치구
보정 역현 연자탑(명)
산서성
태원
양천
진중
여양
섬서성
장안

승덕 쌍란 쌍탑산탑
○승덕
승덕 관성 황애사 탑군
낭방 삼하 영산탑
당산 풍윤 천궁사탑
당산 풍윤 차축산화탑
당산
북경
요대 다불천불석당
○낭방
천진
○보정
보정 역현 성탑원탑
낭방 영청 백탑사 대신각석탑
보정 순평 오후탑(명)
보정 탁주 영안사탑
형수
○

하북성
요녕성
발해만
황해
산동성
장가구

4) 북경시·천진시

연경

창평
창평 반절탑

해정 보암탑

영광사 초선탑

방산 운거사 장경탑 출토유물
방산 운거사 속비장석경탑
방산 운거사 정탄법사탑
방산 운거사 나한탑

문두구 계태사 법륜대사탑
문두구
해정 서성 동성
석경산

방산 운거사 노호탑

방산 영축선사탑

방산 정혜대사영탑

풍태
방산 만불당화탑

방산 호천탑
방산

방산 장공원 유사니탑

하북성
방산 천개탑

방산 북정탑 출토유물

방산 옥황탑

방산 조탑

하북성

회유

경

밀운 　밀운 야선탑

계주 천성사 고불사리탑

순의구 　순의 무구정광 사리탑 　평곡

계주 관음사 백탑

법원사 사리함기

계주 복산탑

통주

하북성

통주 연등탑

서성 천녕사탑

천 진

4. 참고문헌

■ 【中國】

〔史料〕

『金石萃編』(王昶 撰)

『國譯 遼史』(檀國大學校 出版部, 2012)

『墨池編』(朱長文 撰)

〔論著〕

景俊海 主編, 『陝西旅游文化叢書 -佛都長安-』, 陝西旅游出版社, 2012.

高德祥 編, 『圖說敦煌』, 中州古籍出版社, 2015.

谷贇, 「遼塔硏究」, 中央美術學院 博士學位論文, 2013.

郭學忠 外, 『中國名塔』, 中國撮影出版社, 2002.

國家圖書館善本特藏部 編, 『北京云居寺與石經山撮影』, 北京圖書館出版社,
        2004.

國家文物局文物保護科學技術硏究所 外, 「山西應縣佛宮寺木塔內發現遼代眞貴
        文物」, 『文物』第6期, 1982.

靳恩全 主編, 『鐵岭五千年博覽』, 遼海出版社, 2003.

紀兵, 王晶辰, 『佛敎遺宝 -遼寧歷代佛敎文物集粹-』, 遼寧人民出版社, 2005.

祁小山·王博 編, 『絲綢之路 新疆古代文化』, 新疆人民出版社, 2008.

金申, 「談遼代佛像的一種樣式」, 美術硏究, 1991.

段艷紅 外, 『安養古都名胜』, 北京 中國文聯出版社, 2001.

羅哲文, 『古代名塔』, 遼寧師範大學出版社, 1996.

德新·張漢君·韓仁信, 「內蒙古巴林右期慶州白塔發現遼代佛敎文物」, 『文物』,
        1994年 第12期.

敦煌市博物館 編,『敦煌文物』,甘肅人民美術出版社, 2002.

敦煌研究院 編,『講解 莫高窟』,浙江文藝出版社, 2015.

杜斌,『朝陽北塔』,吉林撮影出版社, 2006.

羅哲文,『古代名塔』,遼寧師範大學出版社, 1996.

羅哲文·張帆,『中國古塔』,河北少年儿童出版社, 1991.

遼寧省文物考古研究所 編,『朝陽北塔 考古發掘與維修工程報告』,文物出版社,
　　　2007.

遼上京文物擷英 編輯委員會,『遼上京文物擷英』,遼方出版社, 2005.

劉蘊忠,「遼塔浮彫裝飾藝術探究」,蘇州大學 碩士論文, 2008.

劉策,『中國古塔』,山東人民出版社, 1979.

林秀珍,「河北遼代古塔建築藝術初探」,文物春秋, 2003.

馬琳,「遼寧地區遼代佛敎寺塔及其功能與影響」,渤海大學 碩士論文, 2013.

馬鵬飛,「遼寧遼塔營造技術研究」,北京建築工程學院 碩士論文, 2012.

穆舜英,『中國新疆古代藝術』,新疆美術撮影出版社, 2015.

文靜·魏文斌,「甘肅館藏佛敎造像調查与研究(之一)」,『敦煌研究』2012年 第4期
　　　(總第134期).

佛敎小百科·全佛 編輯部編,『佛敎的眞言呪語』,中國社會科學出版社, 2003.

山西省文物局·中國歷史博物館 編,『應縣木塔遼代秘藏』,北京, 文物出版社,
　　　1991.

山西省應縣文物保管所,『應縣木塔』,文物出版社, 1982.

桑子長 外,『中國名塔』,重慶出版社, 2001.

常靑,『中國古塔的藝術歷程』,陝西人民美術出版社, 1998.

西安市文物保護考古所,『西安文物精華 佛敎造像』, 2010.

成敍永,「遼代八大靈塔的圖像特徵與出現背景」,『遼金歷史與考古國際學術研討
　　　會論文集』(下冊),遼寧敎育出版社, 2011.

世濤·王宝 責任編輯,『遼陽覽勝』,遼寧美術出版社, 2003.

蕭默 著,『敦煌建築研究』,文物出版社, 1989.

蕭黙 主編, 『中國建築藝術史』, 文物出版社, 1999.

孫毅華·孫儒僴, 『解讀敦煌 中世紀建築畵』, 華東師範大學出版社, 2010.

宋新盛·王志荣·李相如, 「武安市沿平村唐代石塔」, 『文物春秋』, 2004年 第6期.

沈福煦, 『中國古代建築文化史』, 上海古籍出版社, 2001.

俄玉楠, 「甘肅省博物館藏卜氏石塔圖像調査研究」, 『敦煌學輯刊』2011年 第4期.

俄玉楠·楊富学, 「甘肅省博物館藏 秦安 西魏 石塔詮索」, 『新疆師範大學學報』
　　　　2014年 第1期.

愛宕松男·呼和浩特, 『契丹古代史研究』, 內蒙古人民出版社, 1987.

楊瑞, 「河北遼塔設計藝術研究」, 蘇州大學 碩士論文, 2007.

楊亦武, 『方山歷史文物研究』, 奧林匹克出版社, 1999.

楊煥成, 「聚塔成林 獨步天下」, 『少林學論文選』, 少林書局, 2006.

吳英才·郭雋杰 主編, 『中國的佛寺』, 天津人民出版社, 1994.

汪建民·侯偉, 『北京的古塔』, 學苑出版社, 2003.

王光, 『遼西古塔尋踪』, 學苑出版社, 2006.

王仁波 主編, 『隋唐文化』, 學林出版社, 1997.

王殿斌, 『浮屠之秘』, 作家出版社, 1999.

王振國, 『龍門石窟与洛陽佛敎文化』, 中州古籍出版社, 2006.

遼寧省遼金契丹女眞史研究會 編, 『遼金歷史與考古 國際學術硏討會論文集』, 遼
　　　　寧敎育出版社, 2012.

姚蘭 編著, 『中國名塔』, 黃山書社, 2012.

劉敦楨 著·鄭沃根 外 共譯, 『中國古代建築史』, 世進社, 1995.

劉義棠, 『中國邊疆民族史』, 中華書局, 1970

李斌 責任編輯, 『游遍陝西』, 陝西旅游出版社, 2001.

李玉明 主編, 『山西古建築通覽』, 山西人民出版社, 2001.

張家口市文物考古研究所 編, 『邊塞古迹 張家口市文物保護單位通覽』, 科學出版
　　　　社, 2012.

張家口市博物館 編, 『張家口市博物館 館藏文物精華』, 科學出版社, 2011.

張國維, 「运城市保存的几座唐代小型石塔」, 『文物世界』 2005年 第2期.

張道一 主編, 『中國古代建築 石雕』, 江蘇美術出版社, 2006.

章万岩, 「遼沈州卓望山無垢淨光塔石棺銘」, 『遼海文物學刊』 3, 1983.

張馭寰, 『中國古塔集萃』 卷三, 天津大學出版社, 2010.

張馭寰, 『中國古塔集萃』 卷二, 天津大學出版社, 2010.

張馭寰, 『中國古塔集萃』 卷一, 天津大學出版社, 2010.

張馭寰, 『中國佛塔史』, 科學出版社, 2006.

張馭寰, 『中國塔』, 山西人民出版社, 2000.

張晶, 「安陽修定寺塔模印磚圖像及年代考」, 『中原文物』 2013年 第6期.

張曉東, 「遼代磚塔建築形制初步研究」, 吉林大學 博士學位論文, 2011.

田福月 編著, 『云居寺春秋』, 北京市房山區文化文物局出版, 1994.

折江省博物館 編, 『折江省博物館典藏大系 東土佛光』, 2008.

鄭州歷史文化叢書 編纂委員會編, 『鄭州歷代碑刻匯考』(下冊), 香港國際出版社,
      1999.

曹劍·曹斌 著, 『佛骨靈光 大佛寺與昭仁寺』, 三秦出版社, 2005.

赵克禮 著, 『陝西古塔研究』, 北京 科學出版社, 2007.

趙立瀛, 『陝西古建築』, 陝西人民出版社, 1992.

趙微 主編, 『古都三千年』, 中國戲剧出版社, 2005.

朝陽北塔考古勘察隊, 「遼寧朝陽天宮地宮清理簡報」, 『文物』, 1992.

朝陽市北塔博物館, 『朝陽北塔』, 吉林撮影出版社, 2006.

朱耀廷 外, 『古代名塔』, 遙寧師範大學出版社, 1996.

陳宝峰, 金奎榮 編著, 『鞍山市博物館藏品集錦』, 遼寧人民出版社, 2003.

陣世勇 責任編輯, 『中國名塔』, 重慶出版社, 2001.

陳永周 主編, 『洛陽名胜風物』, 西工文史資料第16輯, 2000.

彭菲, 「論中國遼代佛塔的建築藝術成就」, 內蒙古工業大學 碩士論文, 2007.

黃鳳岐, 『契丹史研究』, 內蒙百科學技術出版社, 1999.

黃春和 主編, 『云居寺』, 華文出版社, 2003.

黃春和, 「淺論遼代佛像藝術」, 法音, 2009.

■ 【韓國】

강원대학교 박물관, 『整備 補修를 위한 麟蹄 甲屯里一帶 石塔 調査報告書』, 1996.

김순자, 「고려전기의 거란(遼), 여진(金)에 대한 인식」, 『한국중세사연구』 26, 한국중세사학회, 2009.

金永德, 「佛頂尊勝陀羅尼經에 관한 연구」, 『韓國佛敎學』 25권, 한국불교학회, 1999.

金元龍, 「唐朝의 舍利塔」, 『考古美術』 4권 4호, 고고미술동인회, 1963.

김연미, 「요나라 朝陽北塔 사리공과 진언종 如法尊勝法의 기원」, 『미술사와 시각문화』 10권, 미술사와 시각문화학회, 2011.

김영미, 「高麗와 遼의 불교 교류 -『釋摩訶衍論』을 중심으로-」, 『韓國思想史學』 33권, 한국사상사학회, 2009.

金龍善, 「新資料 高麗 墓誌銘 十七點」, 『歷史學報』 第117輯, 歷史學會, 1988.

金渭顯, 「遼史 연구의 문제점과 연구방향」, 『北方文化硏究』 1-1, 단국대학교 북방문화연구소, 2010.

金渭顯, 『契丹社會文化史論』, 경인문화사, 2004.

노명호, 「《釋迦塔墨書紙片文書》의 연결 복원과 판독」, 『불국사 삼층석탑 묵서지편』, 불교문화재연구소, 2009.

동아대학교 석당박물관, 『동아의 국보 보물』, 2014.

루징, 「遼代陶瓷 : 조형, 장식과 고려청자와의 유사성」, 『美術資料』 83, 국립중앙박물관, 2013.

朴星來, 「高麗初의 曆과 年號」, 『韓國學報』 10, 일지사, 1978.

佛敎中央博物館·佛國寺, 『불국사 석가탑 사리장엄구』, 2010.

성서영, 「조양북탑 탑부조상의 도상 연구」, 『미술사연구』 27, 미술사연구회,

2013.

成春慶, 「靈巖 聖風寺址 五層石塔」, 『전남 불교미술 연구』, 학연문화사, 1999.

순천대학교 문화유산연구소, 『고흥의 금석문』, 2014.

안귀숙, 「금속공예에 보이는 요문화의 영향」, 『이화사학연구』 40, 2010.

楊泓, 「中國 隋唐時期 佛教 舍利容器」, 『불교미술사학』 창간호, 불교미술사학
　　회, 2003.

양현지 지음, 서윤희 옮김, 『洛陽伽藍記』, 눌와, 2001.

엄기표, 「中國 唐代 僧墓塔에 대한 硏究」, 『文化史學』 第28號, 韓國文化史學會,
　　2007.

엄기표, 「中國 唐代의 圓堂形 塔婆와 新羅 浮屠의 八角堂形 樣式」, 『新羅文化』
　　第51輯, 동국대학교 신라문화연구소, 2018.

엄기표, 「중국 隋唐代 석탑의 특징과 新羅 석탑과의 비교」, 『美術史學研究』 第
　　292號, 韓國美術史學會, 2016.

엄기표, 「中國 云居寺의 唐代 石塔에 대한 考察」, 『東岳美術史學』 第9號, 東岳
　　美術史學會, 2008.

廉永夏, 『韓國의 鐘』, 서울대학교 출판부, 1994.

劉敦楨, 『中國古代建築史』, 세진사, 1995.

이영종, 「朝鮮時代 八相圖 圖像의 淵源과 展開」, 『美術史學研究』 215, 한국미
　　술사학회, 1997.

李弘稙, 「高麗堂塔造成緣由記」, 『考古美術』 通卷 第47·48號, 考古美術同人會,
　　1964.

任眞娥, 「高麗靑磁에 보이는 北宋·遼代 磁器의 影響」, 홍익대학교 대학원 미
　　술사학과 한국미술사전공 석사학위논문, 2005.

전용훈, 「고려시대의 曆法과 曆書」, 『한국중세사연구』 39, 한국중세사학회,
　　2014.

鄭永鎬, 「在銘高麗 鈑子의 新例」, 『考古美術』 第3卷 第1號, 考古美術同人會,
　　1962.

鄭永鎬, 「中國草堂寺鳩摩羅什舍利塔」, 『亞細亞文化研究』 1집, 아세아문화연구
　　소·북경 민족출판사, 1996.

정영호, 『한국의 석조미술』, 서울대학교 출판부, 1998.

鄭恩雨, 「遼代 佛敎彫刻의 研究(Ⅰ)」, 『미술사연구』 13, 미술사연구회, 1999.

鄭恩雨, 「遼代 佛敎彫刻의 研究(Ⅱ)」, 『미술사연구』 14, 미술사연구회, 2000.

정은우·김지현, 「아산 오봉사 삼층석탑과 명문 분석」, 『美術史學研究』 제273
　　호, 2012.

주경미, 「遼代 朝陽北塔 出土 經幢 研究」, 『東岳美術史學』 제10호, 동악미술사
　　학회, 2009.

周炅美, 「遼 興宗年間(1031-1055)의 佛舍利莊嚴 研究」, 『中國史研究』 제35집, 중
　　국사학회, 2005.

周炅美, 「遼寧省 朝陽地域의 遼代 佛舍利莊嚴 研究」, 『中國史研究』 제53집, 중
　　국사학회, 2008.

周炅美, 「遼代 八大靈塔 圖像의 研究」, 『중앙아시아연구』 제14호, 중앙아시아
　　학회, 2009.

周炅美, 「韓國 佛舍利莊嚴에 있어서 無垢淨光大陁羅尼經의 意義」, 『불교미술
　　사학』 제2집, 통도사성보박물관 불교미술사학회, 2004.

崔應天, 「日本所在の韓國梵鍾」, 奈良國立博物館, 1993.

한기문, 「高麗와 遼 文化交流의 樣相과 性格」, 『大丘史學』 第115輯, 大丘史學
　　會, 2014.

한정수, 「고려-송-거란 관계의 정립 및 변화에 따른 紀年의 양상」, 『한국사상
　　사학』 제41집, 한국사상사학회, 2012.

黃壽永, 「高麗梵鍾의 新例(其十년) -淸寧四年銘 銅鍾-」, 『考古美術』 第8卷 第7
　　號, 考古美術同人會, 1967.

黃壽永, 「高麗石塔의 研究 -在銘作品을 中心으로-」, 『考古美術』 175·176, 韓國
　　美術史學會, 1987.

황수영, 「統和와 正德銘의 塔誌石」, 『考古美術』 제9권 제8호, 고고미술동인회,

1968.

黃壽永 編,『韓國金石遺文』, 一志社, 1994.

許興植,『韓國金石全文』中世 上, 亞細亞文化社, 1984.

■ 【日本】

九州國立博物館,『草原の王朝 契丹』, 西日本新聞社, 2011.

氣賀澤保規,「房山雲居寺石經事業の展開と唐・金仙公主」,『漢子文化の全き繼
　　　承と發展のために』.

大內文雄,「寶山靈泉寺石窟塔銘の研究 -隋唐時代の寶山靈泉寺-」,『東方學報』
　　　第69冊, 京都大學人文科學研究所, 1997.

大和文華館,『特別展 建國1100年 高麗 -金屬工藝の輝きと信仰-』, 2018.

藤原崇人,「北塔發見文物に見11世紀遼西の佛教的諸相」,『關西大學東西學術研
　　　究所紀要』44, 2011.

藤原崇人,「草海の佛教王國 -石刻佛塔文物に見る契丹の佛教-」,『契丹(遼)と
　　　10-12世紀の東部ユ-ラツア』勉誠出版, 2013.

牧田諦亮,「寶山寺靈裕について」,『東方學報』第36冊, 京都大學人文科學研究
　　　所, 1964.

小泉惠英,「契丹佛教と皇帝」,『草原の王朝 契丹』, 九州國立博物館, 2011.

水野さや,「遼代朝陽北塔に關する考察」,『金澤美術工藝大學紀要』NO57,
　　　2013.

水野さや,「中國の八部衆の圖像について(2)」,『名古屋大學博物館報告』NO
　　　16, 11-13, 2000.

楊伯達 著・松原三郎 譯,『埋もれた中國石佛の研究』, 東京美術, 1985.

田林 啓,「甘肅早期佛教美術年代觀の諸問題について」,『龍谷大學亞細亞佛教
　　　文化研究』NO 12-3, 2013.

佐藤智水 外,「隋代における造塔·造像銘文の調査·연구」,『東方學報』第69冊,
　　京都大學人文科學研究所, 1997.

中吉 功,『新羅 高麗の佛像』, 東京美術, 1971.

坪井良平,『朝鮮鐘』, 角川書店, 1974.

曉田,「遼代經法舍利小塔」,『收藏家』24, 1997.

5. 사진출처

1. 요녕성

1) 靳恩全 主編, 『鐵嶺五千年博覽』, 遼海出版社, 2003

2) 張馭寰, 『中國佛塔史』, 科學出版社, 2006

3) 張馭寰, 『中國佛塔史』, 科學出版社, 2006
   王光, 『遼西古塔尋踪』, 學苑出版社, 2006

4) 王光, 『遼西古塔尋踪』, 學苑出版社, 2006

6) 遼寧省文物考古研究所 編, 『朝陽北塔 考古發掘與維修工程報告』, 文物出版社, 2007
   張馭寰, 『中國佛塔史』, 科學出版社, 2006

7) 張馭寰, 『中國佛塔史』, 科學出版社, 2006
   紀兵, 王晶辰, 『佛教遺宝 -遼寧歷代佛教文物集粹-』, 遼寧人民出版社, 2005

10) 王光, 『遼西古塔尋踪』, 學苑出版社, 2006

11) 王光, 『遼西古塔尋踪』, 學苑出版社, 2006

13) 王光, 『遼西古塔尋踪』, 學苑出版社, 2006

14) 王光, 『遼西古塔尋踪』, 學苑出版社, 2006

15) 關野貞, 1944년

19) 王光, 『遼西古塔尋踪』, 學苑出版社, 2006

21) 關野貞, 1930년대, 岩田秀則 촬영

22) 王光, 『遼西古塔尋踪』, 學苑出版社, 2006

23) 王光, 『遼西古塔尋踪』, 學苑出版社, 2006

25) 王光, 『遼西古塔尋踪』, 學苑出版社, 2006

28) 張馭寰, 『中國佛塔史』, 科學出版社, 2006

29) 王光, 『遼西古塔尋踪』, 學苑出版社, 2006

31) 王光,『遼西古塔尋踪』, 學苑出版社, 2006

37) 張馭寰,『中國佛塔史』, 科學出版社, 2006

38) 靳恩全 主編,『鐵岭五千年博覽』, 遼海出版社, 2003

39) 王光,『遼西古塔尋踪』, 學苑出版社, 2006

40) 王光,『遼西古塔尋踪』, 學苑出版社, 2006

2. 내몽고자치구

2) 遼上京文物英 編輯委員會,『遼上京文物英』, 遼方出版社, 2005

3) 張馭寰,『中國塔』, 山西人民出版社, 2000

4) 九州國立博物館,『草原の王朝 契丹』, 2011

7) 張馭寰,『中國塔』, 山西人民出版社, 2000

8) 遼上京文物擷英 編輯委員會,『遼上京文物擷英』, 遼方出版社, 2005

3. 길림성

1) 國家文物局 編,『中國文物地圖集』-吉林分冊-, 中國地圖出版社, 1993

4. 하북성

5) 黃涿生,「涿州永安寺遼代佛塔」, 文物春秋 2007年 第3期

6) 張家口市文物考古研究所 編,『邊塞古迹 張家口市文物保護單位通覽』, 科學出版社, 2012.

5. 산서성

1) 張馭寰,『中國佛塔史』, 科學出版社, 2006

2) 張馭寰,『中國塔』, 山西人民出版社, 2000

6. 북경시

7) 國家圖書館善本特藏部 編,『北京云居寺與石經山撮影』, 北京圖書館出版

社, 2004

9) 河北省 涿州市 普化寺塔(張馭寰,『中國塔』山西人民出版社, 2000

17) 國家圖書館善本特藏部 編,『北京云居寺與石經山撮影』, 北京圖書館出版
社, 2004

19) 國家圖書館善本特藏部 編,『北京云居寺與石經山撮影』, 北京圖書館出版
社, 2004

중국 요탑

2019년 4월 6일 초판 1쇄 발행

글쓴이   정영호 · 최인선 · 엄기표 · 오호석

펴낸이   권혁재

편 집   권이지

제 작   동양인쇄주식회사
펴낸곳   학연문화사
등 록   1988년 2월 26일 제2-501호
주 소   서울시 금천구 가산디지털1로 168 우림라이온스밸리 B동 712호

전 화   02-2026-0541
팩 스   02-2026-0547
E-mail   hak7891@chol.com

ISBN 978-89-5508-395-8 93910